JN251281

『シリーズ　住民主体の生活支援サービスマニュアル』のねらい・使い方

新地域支援構想会議

◆本シリーズのねらい

　本シリーズは、地域の助け合いや「お互いさま」の関係を基盤として、住民が主体となって立ち上げ、運営する生活支援の取り組み（＝住民主体の生活支援サービス）を今後さらに地域に広げていくことを目的に、活動の考え方や成り立ちの背景、活動を立ち上げる際のポイント等をわかりやすくまとめたものです。

　本シリーズで取り上げる取り組みのなかには、たとえば見守り支援活動や居場所・サロンづくりのように、「サービス」という言葉にはなじみにくいものもありますが、ここでは助け合いによる生活支援を目的としたこれらの取り組み全体を「住民主体の生活支援サービス」と総称しています。本シリーズでは、まず第1巻でさまざまな活動・サービスの共通基盤として、助け合いによる生活支援の意義や地域づくりの必要性、取り組みの基本的な考え方等を解説しており、第2巻〜第7巻では、活動・サービスの種類別に具体的な内容や活動の立ち上げや運営のポイントを解説しています。

第1巻	助け合いによる生活支援を広げるために　〜住民主体の地域づくり〜
第2巻	身近な地域での見守り支援活動
第3巻	居場所・サロンづくり
第4巻	訪問型サービス（住民参加型在宅福祉サービス）
第5巻	食事サービス
第6巻	移動・外出支援
第7巻	宅老所

◆本シリーズの使い方

　本シリーズが想定している読み手は、住民主体の生活支援サービスに参加する人、これから新たに立ち上げようとする人、そしてその活動を応援しようとする人たちです。

　地域の助け合いの取り組みに関心があり、参加してみたい、あるいは自分たちの地域で始めてみたいと考えている方は、まずは第1巻を読んでいただき、助け合いによる生活支援の意義や基本的な考え方をおさえるとよいでしょう。

　また、第1巻は、これから助け合いの取り組みに興味をもってもらい、参加してもらうために、幅広い住民や関係者への啓発や学習にも活用いただけます。

　すでにボランティア活動や地域の福祉活動の経験があり、これから始めたいと考えているサービスが具体的に決まっている場合には、第2〜7巻の活動・サービス種類別のマニュアルをご活用いただければと思います。

第7巻　宅老所
目　次

はじめに

　かつてあった地域のつながりを取り戻すためには、住民同士がもう一度つながるためのきっかけをつくっていくことが必要だと思います。一人暮らしや、家の中で過ごしがちなお年寄りが地域住民と気軽に集えるようになることで、生きがいづくり・仲間づくりの輪が広がり、自然と地域の中で介護予防ができていくような気がします。誰もがいきいきと地域で暮らしていけるように、これからの地域づくりをいっしょに考えてみませんか？

　宅老所づくりのきっかけは、一人暮らしの認知症のお年寄りでした。

　ある地域で認知症のお年寄りが一人で暮らしていました。近所の人は、認知症のお年寄りが火事を出したり、徘徊したりして自分たちに迷惑がかかるのではないか、と不安になりました。

　そこで地域から排除しようと考え、施設に行ったほうがいいのではないかと言い始めました……。

　なぜ、そう思ってしまうのでしょうか？　もっと日頃から認知症の方と関わる機会や話す機会があれば、地域の支援と理解が得られて、認知症があっても地域で一人で暮らせるのではないか、その機会をつくることが大切なのではないだろうか……。

　誰もがいずれ老いを迎えます。そのときに住み慣れた地域で暮らすことができるように、「宅老所」が身近にある社会の実現が必要です。

　「宅老所」は、住民一人ひとりが地域で自分らしく暮らすことを支える「小規模」で「多機能」な福祉拠点です。最初に、地域で暮らす「○○さん」を思い浮かべてみてください。その「○○さん」が自分らしく地域で暮らすために、何が必要かを考えるという視点をもってください。そして、近隣や多世代とのつながりをどうつくっていくかということに重点をおいて考えてみてください。

　大切なことは、「あの人の生活を支えたい」、「安心して暮らせる地域にしたい」という「思い」です。本書を参考に、ぜひ最初の一歩を踏み出してみてください。

宅老所・グループホーム全国ネットワーク

I

宅老所とは？

1　宅老所の成り立ち

　宅老所が最初にできたのは、昭和50年代初めの頃でした。発想の原点には、大規模施設で行われてきたケアに対する反省がありました。多くのお年寄りを集団でケアするため、一人ひとりに目が行き届かず、お年寄りが我慢しなければならない場面も多かったのです。そういった状況に疑問を感じた人たちが、一人ひとりのお年寄りのその人らしさ、そして普通の生活を大切にすることをめざしたのです。こうした草の根の活動が日本のあちこちで生まれ、単に預ける所としてではなく、自宅のような雰囲気で暮らしてほしいという願いを込めた言葉として、「宅老所」と呼ばれるようになったのです。

　こうした宅老所のケアの考え方は、声は上がらなくても、多くのお年寄りやその家族が求めていたものであったと考えられます。宅老所は、平成7（1995）年頃から増え始め、やがて都道府県内の宅老所が横のつながりを求めて、各地に連絡会が結成されました。

　平成11（1999）年、「全国痴呆性高齢者グループホーム研究交流フォーラム'98」における報告者と、すでにできていた8つの都道府県連絡会の代表が発起人となって、「宅老所・グループホーム全国ネットワーク」（以下、宅老所全国ネット）が発足しました。

宅老所とグループホーム

　「宅老所」「グループホーム」は両者とも、ケアの多機能性をもっています。宅老所は、デイサービスからショートステイ、さらには居住までのケアを提供する例がみられ、後者のグループホームにおいても、居住からデイサービスやショートステイを展開する例がみられます。宅老所、グループホームは違うケアから出発しながら、複合的なケアをつくり出すという共通した方向にすすんでいることから、宅老所とグループホームの全国規模のネットワークとなりました。

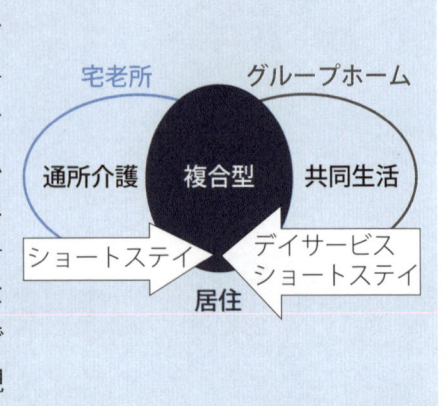

2　宅老所が大切にしていること

1　関係づくり

　本人（高齢者や障がい者等）のこれまでの生活を中心に、家族や地域との関係性を重視して、関係調整を行っています。また、交流や協働の場を積極的につくることで本人にとって必要な社会資源の構築につながります。このようなネットワークをつくることで、本人が社会のなかで自分らしく生きていけるのではないでしょうか。

図表1 ● さまざまな関係性

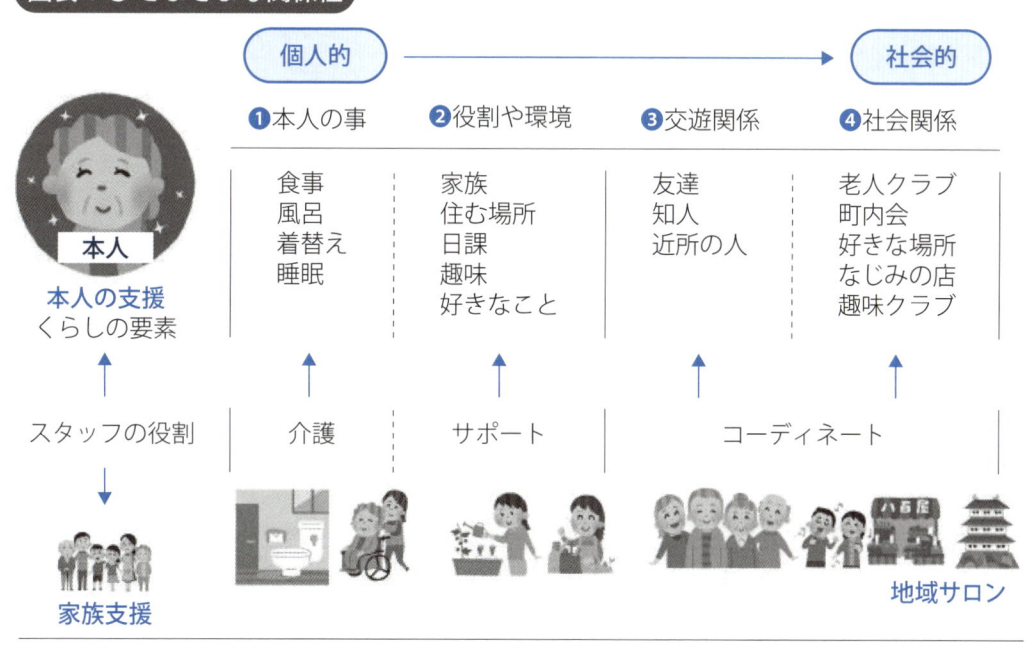

個人的な領域の支援：本人の心身等の障がいで、できにくくなったことの介護やサポートをする。
社会的な領域の支援：社会的なつながりを継続しつづけるきっかけをコーディネートする。

宅老所が心がけているケア（関係づくり：宅老所アンケート自由記述より）

◆お年寄り相互の関係

・参加される方々の和、助け合い、障がいのある方への手助けと配慮を重視している

・一人暮らしの孤独感の解消、気軽に寄り合える場所をめざす

・一人ひとりが何らかの役割が果たせるよう支援する

・さまざまな人との出会いを大切にし、集団としての豊かさを深めていく努力をしている

・お茶飲み気分で気軽に参加し、一人でも多くの仲間づくりのために支援する

・お年寄り同士からスタートする地域生活の回復のため、お年寄り自身による自主運営を心がけている

◆家族との関係

・認知症状に戸惑う家族へ連絡帳や電話相談、面接、家族会等を通じて援助している

・家族会についても、家族支援の立場から努力している

・本人はもとより、家族が安心して介護できるよう親近感をもってケアをする

◆近隣地域との関係

・他機関・行政との連絡・調整のため、ケース検討会を実施している

・家族や主治医、関係機関との連携を密に行う

・行政とのつなぎを助け、パイプ役をできるように努めている

2 個別性・主体性

　その人らしさを大切にし、本人が積み上げてきた日々の延長線上に、新たな日々を重ねていくことを助け、ケアが必要になって積み上げてきたものがバラバラになってしまわないようにしています。

〈本人のなじみの暮らしの継続をサポート〉

心身の変化（老化や重度化など）、環境の変化（家族や生活状況など）- - - - - - - - ➤

・「必要な部分」の介護、生活支援、関係調整、役割づくりのサポート
・本人の意思、能力の尊重

宅老所が心がけているケア（個別性・主体性：宅老所アンケート自由記述より）

◆個別性の高いケア

・個別ケアに重点をおき、その方の状態に応じて活動を行っている

・十人十色。個々のニーズを大切にしている

・本人の意向を尊重し、マンツーマン体制を組めるようにしている

◆生活歴等を重視

・これまでの生活パターンを取り入れ、個々に合ったケアを心がけている

・お年寄り個々人の生活史を大切にしている

◆プライバシーを守る

・プライバシーを尊重するケア

◆主体性の尊重

・生命に別条のない限り、どのような行動も受け入れる

・お年寄りがあるがままでいられる環境を整える。わがままに振り回されるのが私たちの仕事です

・その人らしさを大切にする

・お年寄りの希望を第一に取り入れた介護

◆見守りの介護

・一人でできないことに手を貸すだけで、特にケアをしていない

・ご本人が私たち（スタッフ）を必要とする場合のみケアを提供する

・「手出すな、口出すな、目を離すな」等

・よけいな手は出さないこと。したいことができるよう、さりげなく誘導すること

・ハンディ部分のみを埋めるだけ。その人に合った埋め方を求めたい

◆傾聴

・まずお話を聞くことからケアを始めている

・温かい眼差しや微笑み、手を握る、良い聞き手になる

・お年寄りの言葉に寄り添うように心がけている

・なるべく個人個人のお話のお相手が十分できるよう、心がけている

◆対等な立場

・介護をするのではなく、共に楽しみ過ごす

・スタッフもお年寄りと共に生活するという対等の視点をもつ

・素人でありたいしあるべき。世話する、される関係とは無縁にしたい

・お年寄りと同じ目の高さで対応すること

◆ニーズに応じたサービス提供

・本人はもちろん介護者、家族の要望に応えられるよう努力する（サービス内容、時間ともに）

・在宅介護者への緊急時の対応

3　当たり前の生活

　小規模ケアが重視している関係づくり、個別性・主体性を突き詰めると、当たり前の生活に行きつきます。そのためには、本人が個性を発揮して生きていく環境を整え、できない部分だけを手助け（ケア）します。具体的には、地域とのつながりをもった家庭的な環境整備や、決まった日課をつくらずに一人ひとりに合わせた、ゆったりとした時間の流れのなかでいっしょに生活を行いながら介護や健康面のサポートを行っています。

宅老所が心がけているケア（当たり前の生活：宅老所アンケート自由記述より）

<u>自然な生活に近づける</u>

◆家庭的雰囲気

- ・家で暮らすような形での生活支援
- ・家庭のようなお茶飲み気分を大事にしている
- ・家庭の延長線上での時間の共有を大切にしている
- ・お年寄りの"もう一つの家""もう一つの家族"として家族的に運営している
- ・友達の家に遊びに来ている雰囲気づくり

◆季節感

- ・季節行事を大切にする（書き初め、七草、ひなまつり、七夕、端午の節句等）
- ・季節感、行事を大切にする

◆外出

- ・季節、天候を考慮のうえ、園外活動を積極的に実施している
- ・買い物等、なるべく外出の機会をつくっている
- ・立地条件を生かし、戸外で過ごせる時間を多くとる

◆年代を超えて

- ・子どもからお年寄りまでいっしょに生活ができる場づくり

<u>スケジュール</u>

◆決まった日課がない

- ・特に日課がなくお年寄りの希望に合った過ごし方を心がけている
- ・普通の暮らしを提供する（日課をつくらない。家で生活しているような雰囲気で）
- ・プログラムなしの自由行動で1日を過ごすことに力を入れている
- ・お年寄りのその日の状態に応じて日課を組む

◆ゆったりとした流れ

- ・ゆったりとした流れのなかで、明るく楽しい雰囲気で1日を過ごす
- ・「ゆっくり、いっしょに、楽しく」を基本に
- ・お年寄りのペース（生活、時間、要求等）に合わせた関わり方

健康面でのサポート

◆生活リハビリ
- ・無理のない範囲で、できるだけ動くこと
- ・家庭的な雰囲気で普通に生活できるなかでの生活リハビリ

◆食事、清潔等
- ・バランスのとれた食事、水分の十分な摂取、日光浴、散歩
- ・保清 (清拭、陰部洗浄、手浴、足浴)、口腔ケア

◆事故防止
- ・事故のないように細心の注意を払っている
- ・けがをしないよう、転倒に注意する

◆心のケア
- ・精神面でのサポートに重点をおき、心理的、情緒面での安定をめざしている
- ・訴えや不安な気持ちに対し、納得が得られるまで接する

◆特殊な機器を使わないアプローチ
- ・芸術療法
- ・音楽療法

4　明るく楽しく

　小規模ケアのなかで起きるさまざまな出来事を肯定的に受け止め、本人・家族・近隣地域と共に、発展的に解消していくことを大切にしています。「明るく、楽しく」をモットーに前向きな気持ちで、関わる人々の心にふれ、お互いが元気になるように心がけています。

宅老所が心がけているケア （明るく楽しく：宅老所アンケート自由記述より）

◆楽しむ
- ・明るく楽しく大声で笑い合う・・・がモットー！
- ・思いっきり笑い、楽しんで帰ってもらっている
- ・スタッフ （ボランティア） がまず楽しむ

5　地域とのつながり

　日々の生活のなかで、地域とのつながりをつくるために、宅老所から買い物等で地域へ出かけて行ったり、宅老所に近所の人が訪ねて来やすいようにしたり、地域と宅老所が関係性を維持しやすいようにしています。また、自治会と協働で地域のお祭りを開催したり、宅老所を地域住民が気軽に集まれる場所として（地域サロン）として開放するなど、地域住民といっしょに過ごす機会を大切にし、つながりや関係性を築いています。

3 宅老所の取り組み

1 宅老所とはお年寄りの「地域での暮らし」をサポートする場所

1）宅老所の特徴は「小規模」と「多機能性」

　宅老所は、民家などを活用し、家庭的な雰囲気のなかで、一人ひとりの生活リズムに合わせた柔軟なケアを行っている小規模な福祉拠点です。通いから始まり、なじみの関係性が生まれ、スタッフが自宅での様子を見に行くようになり、困っていることをお手伝いして、どうしても自宅での生活が困難になってしまったり、一人で暮らすことに支障が出てきてしまったりしたときに、時々泊まってもらうなど、お年寄り一人ひとりの生活リズムに合わせた柔軟なケアを行っています。このため、大規模施設になじめなかったお年寄りも、宅老所ではお茶を飲んだり談笑したりと、落ち着いて過ごすことができます。宅老所は、法令などに基づくものではなく、制度上の明確な定義はありません。現在ある宅老所は、地域で暮らすお年寄りの生活を支えることを目的として、住民が自らつくり上げてきたものです。

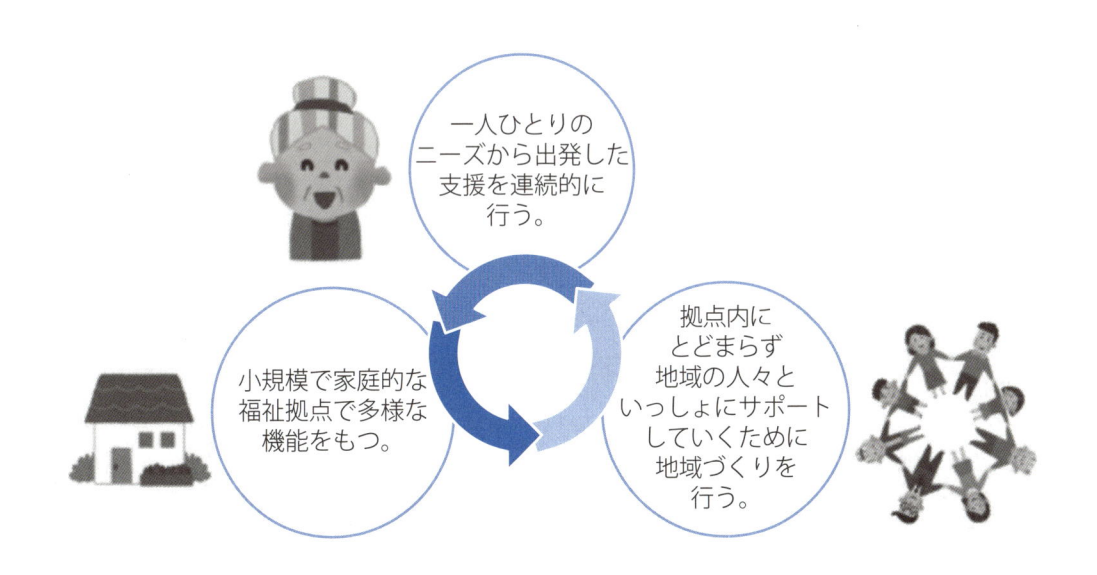

一人ひとりの
ニーズから出発した
支援を連続的に
行う。

拠点内に
とどまらず
地域の人々と
いっしょにサポート
していくために
地域づくりを
行う。

小規模で家庭的な
福祉拠点で多様な
機能をもつ。

2）小規模多機能型居宅介護との違い

　宅老所のこうした特徴から、介護保険制度サービスの一つである「小規模多機能型居宅介護」をイメージする方も多いかもしれません。

　小規模多機能型居宅介護は、宅老所が行ってきた活動をもとに、その「地域密着」「小規模」「多機能」という形態をモデルとして、介護保険のなかで制度化されたものです。しかし、宅老所は必ずしも介護保険の小規模多機能型居宅介護を行っているわけではありません。むしろ、その数は少なく、通所介護など他の制度サービスを組み合わせて利用している例が多いのが現状です。

2　一人ひとりの暮らしを支え続ける重み

　宅老所はもともと、高齢者福祉施設で働いていた人などが、大規模施設にありがちだった画一的な介護のあり方に疑問を感じ、民家などを利用してお年寄りを預かるようになったのが発端です。集団処遇の施設のマイナス面をできるだけ排し、一人ひとりのお年寄りのその人らしさ、生活を大切にすることをめざしました。

　それぞれの宅老所では、この「一人ひとりのお年寄りのニーズから出発する」という原点を大切にしながらケアに取り組んでいます。「一人ひとりの暮らしを支える」ことを常に意識し、今行っていることが本当にお年寄りにとって満足のいく内容なのかを丁寧に吟味し、謙虚に反省することによって、魅力ある宅老所の姿が実現されます。これは、実際にやってみると、決して簡単なことではありません。ですが、その分「お年寄りを支えている」というかけがえのない喜び、やりがいが感じられるところです。

3　小規模で実現できる家庭的な個別ケア

　一人ひとりのお年寄りのニーズに応えるためには、ある程度小規模であることが望ましい、というのが宅老所の考え方です。宅老所には制度上の明確な定義はなく、こうしなければならないという決まりも特に存在しません。よって、定員もさまざまですが、10〜15人程度の規模で運営している宅老所が多いようです。お年寄りが少人数であれば、スタッフが一人ひとりの事情に応じたケアをすることが容易になります。散歩をしたい人は外に出かけ、歌を歌いたい人は歌い、寝たい人は部屋で横になるという具合です（図表2）。

　そもそも、大人数の集団で過ごすというのは非日常的な状況であり、それをストレスに感じ落ち着かないお年寄りも多いでしょう。家族のような関わりのなかで、お年寄りとスタッフとが共に支え合って過ごすような関係が自然と生み出される小規模な宅老所の魅力が、お年寄りの精神状態にも良い影響を与えているのです。

図表2 ● 宅老所と一般的な介護施設の違い

【宅老所での1日】

●お年寄りは思い思いに過ごす
●お年寄りとスタッフが共に支え合って過ごす

【一般的な介護施設での1日】

●お年寄りは同じプログラム
●お年寄りはケアを受ける人、スタッフはケアをする人という区切りが明確になりがち

4　地域密着は「地域内」で「地域の人と共に」

　お年寄りにとって、自分が住み慣れた家や地域を離れるのは不安なものです。しかし、自宅での介護が難しくなり、身近な地域に受け入れてもらえる施設もないという状況になった場合、医療施設に入院したり、地元から離れた大規模施設に入居するということが一般的です。そんななかで、宅老所はお年寄りが地域で暮らし続けることをサポートする機能をもっています（図表3）。多機能な宅老所であれば、「通って・泊まって・ときには家にもお手伝いに来てもらって、いざとなったら住むことができる」ため、日常生活に支障のあるお年寄りが、安心して地域で暮らすための支えとなることができます。

図表 3 ● 宅老所は施設のような自宅

自宅　　　　　宅老所　　　　施設（大規模）

　ただし、宅老所単独ではお年寄りを支えきれないため、家族や地域の人々の理解と協力が欠かせません。宅老所が地域の力を積極的に借りることは、2つの意味で大きな効果が期待できます。

　一つは、地域への啓発です。地域の人々にとっては、宅老所を訪れるお年寄りの姿を日常的に目にすることで、「いつか行く道」と感じて老いに対する理解を深める機会となります。もう一つは、お年寄りの生活満足度の向上です。年をとり、体が不自由になって外出も思うようにできなくなり、人との交流が少なくなりがちなお年寄りにとって、宅老所を拠点として社会的交流を再び取り戻すことができれば、生きがいも増してくるということが期待できます。

5　始まりは一人ひとりに寄り添うことから

　お年寄りやその家族の思いに向き合い、寄り添うなかで、その暮らしを連続的に支援しようとして、宅老所は「多機能化」の道を歩んできました。多機能化というのは、単に多くのサービスメニューを用意して、時間や支援の内容ごとに異なるサービスを提供することではありません。お年寄り一人ひとりの生活を 24 時間365 日連続して支えるために、一つの活動が中心となって、必要に応じて形を変えて「柔軟なケア」を提供することです。

　たとえば、はじめは昼間の通いのみだったとしても、心身や介護する家族の状況が変化して、泊まりや居住支援が必要になることもあります。また、ある程度家事をこなしていたお年寄りがけがをしてしまい、食事や掃除などの生活支援をしてほしいと希望する場合もあります。このようなお年寄りの日々の変化に応じて、必要なときに、必要な支援を適切に判断し、そのお年寄りにとって望ましいやり方で支援することで、制度やサービスありきではなく、お年寄り本位のケアが可能となります。宅老所は、お年寄りや地域のニーズに応じて支援の方法を工夫したり、独自の活動を生み出したりしながら進化し続けてきました（図表 4）。

図表4 ● 本人・地域のニーズに応じて変化していく宅老所

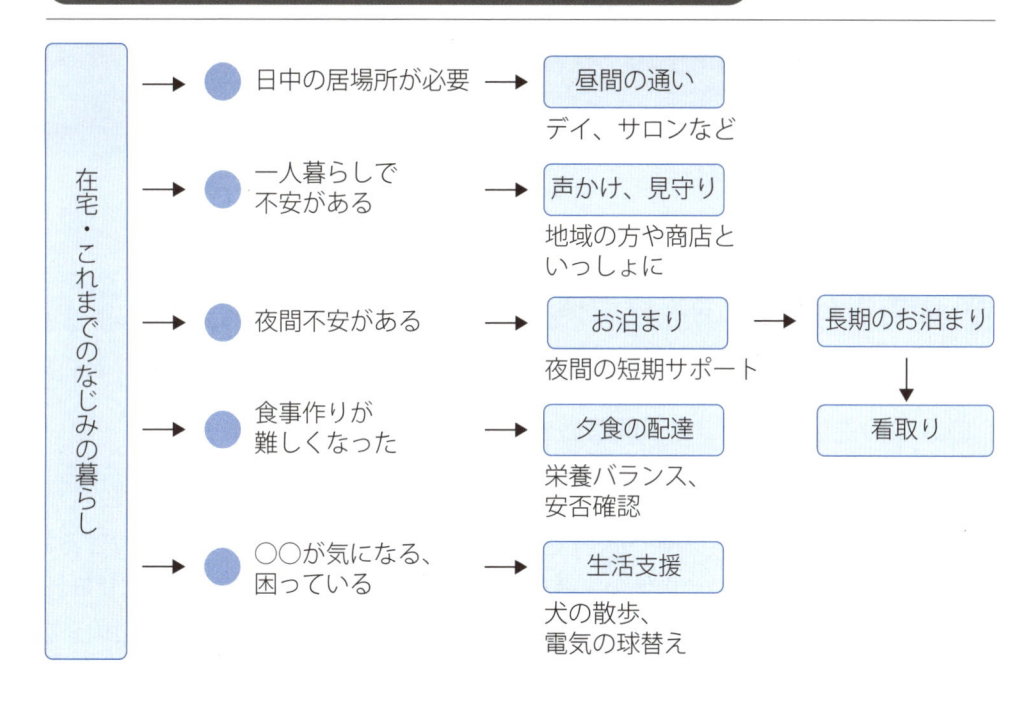

＜介護保険制度の導入に揺れた宅老所＞

　全国の宅老所の状況を見ると、「通い」から始めるところが最も多く、必要に応じてプラスαのサービスを独自の料金設定のもとに自由契約で行っているところもあります。

　平成12年（2000年）に介護保険制度が導入されて、もともとお年寄りのニーズに合わせて制度にとらわれず自由にやってきた宅老所は、時代の波を受けて大きく揺れ動きました。それは、介護保険の指定事業者になると、制度上のさまざまな制約を受けてそれまでの自由が失われるからです。しかし、指定を受ければ介護報酬を受けることができるため、宅老所にとっても、またお年寄りにとっても経済的な負担は大いに軽減されます。

　多くの宅老所は、悩んだ結果、介護保険の事業者にはなっても、それまでのよさを失わないよう、制度にのみ込まれることなく、上手に介護保険制度を活用する方法を選択しました。

4 支援の内容

1 宅老所が提供する支援の種類

　宅老所が提供する支援は実に多様です。「通い」「泊まり」「居住」「訪問」「介護相談」の5つの主な内容について理解しましょう（図表5）。

① 通い

　お年寄り等が自宅から宅老所へ通って日中を過ごし、生きがいづくりにつなげることを目的にしたり、介護やその他の生活支援を目的にして行うものです。地域サロン、生きがいデイサービスなどがあります。また、宅老所の特徴としてお年寄りに限らず、障がい者や子ども、子育て中のお母さんなど、地域で暮らすいろいろな方が来ることができます。現在は、地域サロンや生きがいデイサービスなど、気軽に参加できる通いの場づくりのほか、空き家や空き店舗を活用した地域づくりの取り組みも広がっています。

　これらの延長線上に、高齢者支援として介護保険制度のデイサービス、障がい者・障がい児支援として、放課後等デイサービスや日中一時支援、就労継続支援や生活介護などの制度を活用した支援などもあります。

② 泊まり

　お年寄り等が宅老所に通うことの延長として、宅老所に短期間宿泊し、介護その他の生活支援を行うものです。夜間のみの一時的な宿泊である「ナイトケア」もこれに含まれますが、夜間のみ宿泊するナイトケアは自主事業として行う宅老所が多いです。

　介護保険制度では、「短期入所生活介護（ショートステイ）」が該当します。

③ 居住

　お年寄り等が宅老所にて共同で生活し、スタッフが介護その他の生活支援を行うものです。介護保険制度では、「認知症対応型共同生活介護（グループホーム）や小規模多機能型居宅介護」などが該当します。また、障がい者支援では、「共同生活援助（グループホーム）や共同生活介護（ケアホーム）」などがあります。

④ 訪問

　お年寄り宅等に訪問し、介護その他の生活支援を行うものです。

　地域住民や関係者と連携を行い、見守りや食事の支援（配食）としての訪問、自宅をサロンとして開放（住み開き）して地域住民もいっしょに訪問するなど、制度外であっても本人や地域のニーズに応じた活動をしています。

　介護保険制度では、「訪問介護（ホームヘルプ）」が該当します。障がい者支援では、「居宅介護（ホームヘルプ）、重度訪問介護」などがあります。

⑤ 相談

　宅老所によっては、バザーや季節行事、地域サロンなど、地域の方が話しやすいきっかけをつくり、いつでも気軽に相談できるきっかけをつくっているところもあります。

　また、地域の介護者等からの介護に関する相談に応じるサービスを行っています。

図表 5 ● 宅老所の主な支援内容

① 通い	② 泊まり	③ 居住

・お年寄りが自宅から宅老所へ通う ・宅老所内で介護その他の生活支援を行う	・お年寄りが宅老所に短期間宿泊する ・宅老所内で介護その他の生活支援を行う	・お年寄りが宅老所にて共同で生活をする ・宅老所内で生活支援を行う
④ 訪問	⑤ 相談	

・お年寄りは自宅で身の回りのことを行う ・お年寄り宅で介護その他の生活支援を行う	・主に家族を介護している地域住民からの相談に応じる	

2　多様な支援を組み合わせる

　先ほど紹介した支援内容を個別に応じて組み合わせることで、一人ひとりの生活全般を支えることが可能になります。ここでは、支援の組み合わせの代表的なパターンを紹介します（図表6、7）。それぞれの宅老所は、これらのパターンをさまざまに組み合わせ、枠にはまらないアイデアあふれる事業を展開しています。

図表6 ● 展開する支援の組み合わせ

類型	概要・特徴
「通い」のみを行う	・最も多いパターンです。 ・お年寄りのニーズに応えて、多機能化していく可能性を秘めています。
「通い」＋「訪問」	・お宅に訪問し、生活支援を行うものです。 ・「通い」から始まり、地域住民や関係者との連携を行い、見守りや介護の支援など、本人のニーズに応じた活動を行っています。
「通い」＋「泊まり」	・昼間の生活で慣れ親しんだ場所であるため、お年寄りが比較的抵抗なく夜を過ごすことができます。 ・「泊まり」として1泊2日の料金設定になっているところと、「ナイトケア」として夜間料金を設定しているところに分かれます。
「通い」＋「泊まり」＋「居住」	・宅老所が多機能化したときの最も基本的なパターンです。 ・さらに、在宅での暮らしを継続するには「自宅での手伝い・見守り」は必須の支援と考え、「ホームヘルプ」をあわせて行っているところもあります。 ・なお、「泊まり」や「居住」が提供できるかどうかは、宅老所の家屋の大きさも影響します。「居住」の場合は、「通い」を行っている場所とは別の居住スペースが求められます。ナイトケアの要素が高い「泊まり」の場合は、「通い」の時間外に同じスペースで行うこともできるので、別のスペースは必ずしも必要ではありません。

図表7 ● 多様な取り組みからみたパターン

類型	概要・特徴
障がい者や子どもを受け入れる	・高齢者に限らず、地域での暮らしの支援を必要としている人を対象とする方法です。赤ちゃんからお年寄りまで、年齢や障がいの有無にかかわらず受け入れます。 ・障がい者支援の制度を活用しながら、地域共生をめざしたさまざまな取り組みがあります。
生きがい対応型デイサービスを行うまたは、通所型サービスBとして取り組む	・要介護認定では「自立」とされる比較的元気な高齢者のためのデイサービスを提供します。生きがい対応型デイサービスは、市町村事業として実施されています。 ・介護予防・日常生活支援総合事業での通所型サービスB（図表8）などに該当した活動を行うこともできます。
ボランティアでできる範囲のことから始める	・地域サロンや認知症カフェなど地域の人が集まりやすい場所で、自由な発想で行うものです。 ・月1～週1回程度のミニデイサービスを、既存の公共施設などを借りて行うなど、自分たちのできることをできる範囲で実現していくものです。 ・「ふれあい・いきいきサロン」などは、市区町村の社会福祉協議会などが、地域福祉活動の一環として積極的にバックアップしていますので、相談に行くとよいでしょう。

図表8 ● 介護予防・日常生活支援総合事業「通所型サービス」 （出典：厚生労働省）

通所型サービス ※市町村はこの例を踏まえて、地域の実情に応じた、サービス内容を検討する。

○ 通所型サービスは、現行の通所介護に相当するものと、それ以外の多様なサービスからなる。
○ 多様なサービスについては、雇用労働者が行う緩和した基準によるサービスと、住民主体による支援、保健・医療の専門職により短期集中で行うサービスを想定。

基準	現行の通所介護相当	多様なサービス		
サービス種別	① 通所介護	② 通所型サービスA（緩和した基準によるサービス）	③ 通所型サービスB（住民主体による支援）	④ 通所型サービスC（短期集中予防サービス）
サービス内容	通所介護と同様のサービス　生活機能の向上のための機能訓練	ミニデイサービス運動・レクリエーション　等	体操、運動等の活動など、自主的な通いの場	生活機能を改善するための運動器の機能向上や栄養改善等のプログラム
対象者とサービス提供の考え方	○ 既にサービスを利用しており、サービスの利用の継続が必要なケース ○「多様なサービス」の利用が難しいケース ○ 集中的に生活機能の向上のトレーニングを行うことで改善・維持が見込まれるケース ※状態等を踏まえながら、多様なサービスの利用を促進していくことが重要。	○ 状態等を踏まえながら、住民主体による支援等「多様なサービス」の利用を促進		・ADL や IADL の改善に向けた支援が必要なケース　等 ※ 3〜6ケ月の短期間で実施
実施方法	事業者指定	事業者指定／委託	補助（助成）	直接実施／委託
基準	予防給付の基準を基本	人員等を緩和した基準	個人情報の保護等の最低限の基準	内容に応じた独自の基準
サービス提供者（例）	通所介護事業者の従事者	主に雇用労働者＋ボランティア	ボランティア主体	保健・医療の専門職（市町村）

5　今後の方向性

今後、宅老所に期待される役割

1）宅老所だからできること

　宅老所は、住民一人ひとりが地域で自分らしく暮らすことを支える「小規模」で「多機能」な福祉拠点です。年齢や障がいの有無にこだわることなく、必要なことを必要な時に必要な分だけ支援してきました。これからも、地域で暮らす様々な人を対象として宅老所だからできることを支援していきたいと考えています。

2）「地域の福祉拠点」としての役割を担う

　しかし、これまでの宅老所は、重度の認知症のお年寄りのケアを中心に行ってきたこともあり、お年寄りとその家族には目が行き届いていても、「地域」という視点はやや不足していたように思われます。

　これからは、「地域の福祉拠点」としての宅老所として、お年寄りや障がい者のできることを活かした「役割づくり」や「仕事づくり」を行っていけるように支援していきたいと思います。

　また、宅老所を開放して地域と協働しながら、地域の困りごとをいっしょに話し合う機会をつくったり、認知症の勉強会をして見守りの体制を考えたり、子育てのお手伝いをするなど、地域の福祉拠点として必要とされる宅老所になっていくことが求められていると思います。

引用文献

　全国コミュニティライフサポートセンター　「宅老所・グループホーム全国調査結果の報告」

　平野隆之　『宅老所・グループホームの現状とその支援』筒井書房、　2000 年

MEMO

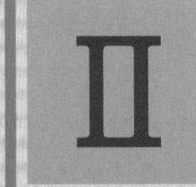

Ⅱ

事 例

＜事例１＞
「特定非営利活動法人　デイサービス　このゆびとーまれ」

◆「このゆびとーまれ」の開設

　「このゆびとーまれ」代表の惣万佳代子は、富山赤十字病院で看護師として働いていたときに、お年寄りの方が家で死にたいと言っているのに、大半の方が願いかなわず、家ではなく老人施設で亡くなられたことに憤りを感じていました。そこで、家で死ぬことを願っているお年寄りをどうにか手助けできないかという思いのもと、仲間と共に「このゆびとーまれ」を平成５（1993）年に開設しました。

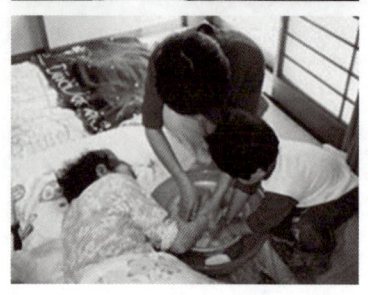

　視察に来られた方から、「初めはお年寄りの利用だけでスタートし、途中からニーズがあったから障がい者も子どもも受け入れたのでは？」とよく質問されますが、そうではありません。地域で支援が必要な方は高齢者だけではありません。支援が必要な方を誰でも受け入れたいと考えていました。実際、「このゆびとーまれ」の最初の利用者は、障がい児でした。

◆目の前の一人を支援するために始まった富山型デイサービス

　開設にあたっては、縦割り行政の壁も存在しました。当時の介護は、行政による措置制度の時代でした。行政からの補助金は「赤ちゃんからお年寄りまで利用可能なデイサービス」という点が問題になり、対象を絞らなければ交付されない状況でした。補助金のために対象者を絞るのか、「誰も排除しない」という、理念を実現することを優先するのか……。

　私たちは、行政からの補助金のために理念を変えるつもりはありませんでした。

　そのため、公的な制度を利用しない「自主事業」として事業を開始しました。オープンした平成５（1993）年から翌年３月末までの１日の平均利用者は1.8人で、人件費や必要経費を支払えば、まるっきりの赤字でした

が、3年もたつと、1日の平均利用者は十数人に増えました。利用者が増えるにつれ、県などにも、民間デイサービスを支持する声が届くようになり、これらの声を行政も無視できなくなりました。

　平成8（1996）年度には障がい児（者）の在宅を支援する制度である「在宅障害児（者）デイケア事業」が始まりました。平成9（1997）年度には「民間デイサービス育成事業」が創設され、高齢者の利用が1日当たり5人以上の事業所に、年間180万円が交付されることになり、翌平成10（1998）年度には、対象者に障がい者も加えられ、行政の縦割りにとらわれないより柔軟な補助制度となりました。

　この頃には、「このゆびとーまれ」の理念に共感した方がたが、県内各地で同様のデイサービスを開設し始めました。年齢や障がいの有無にかかわらず誰も排除せずに柔軟に受け入れるデイサービスと、行政の縦割りを超えた横断的な補助金などの支援をあわせた取り組みが、「富山型デイサービス」と呼ばれるようになったのです。

◆これからの共生の役割

　いま全国に共生デイサービスが約1400か所あります。人口1万人当たり1か所の共生デイサービスがあれば、住みやすくなるでしょう。

　「このゆびとーまれ」は、誰もがいつでも利用できる、駆け込み寺のような存在になりたいと考えています。つまり、町の拠点になって、「あそこがあるだけで安心だ」、「困ったとき、何とかしてくれる」と町の人達に頼りにされる存在でありたいと……。

＜事例２＞

兵庫県姫路市　NPO法人　はなのいえ

◆法人の概要

NPO法人はなのいえ理事長の内海正子が、自分の父親が認知症になったことをきっかけに介護の世界に足を踏み入れ、「このゆびとーまれ」に共感して平成16（2004）年に兵庫県で富山型デイサービス（地域共生ケア）「はなのいえ」を開設しました。

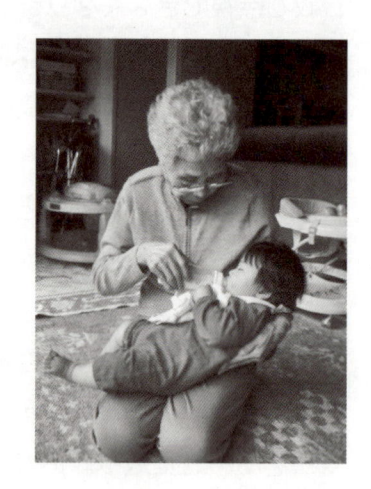

「年齢や障がいの有無にかかわらず、誰も排除せず、最後まで諦めない」という富山型の理念を軸に、地域に支えられながら12年がたちました。

「はなのいえ」が地域づくりの大切さを実感するようになったのは、一人暮らしの認知症のお年寄りが地域から排除されようとした時でした。何度足を運んで説明しても口では「わかりました」と言って、何かあれば市役所に連絡する地域住民を目の当たりにして、どうすれば本人がその人らしく、当たり前に地域で暮らせるのか、考えるようになりました。

そして、わかったことは、まずは地域にどうすれば理解してもらえるのか、を考えることでした。認知症高齢者本人と地域住民の間に入り、お互いが理解できるように調整したり（コーディネート）、本人を中心としたネットワークを構築して、本人の力と家族の力に地域の力をプラスすることの効果を理解してもらうことでした。そして、それでもたりないところだけを「はなのいえ」が支援していくことが、地域で暮らす人を支援するということだと考えました。

◆地域のネットワークづくり

そして、最初に始めたのがチャリティーバザーです。まずは「はなのいえ」や「富山型デイサービス」を知ってもらうことでした。ステージ発表やフリーマーケットなど地域の方が参加しやすいものにしたり、参加団体を限定せず企業や福祉団

体などにも参加してもらうなど、多様なネットワークの構築を行いました。当初は出展者数、来場者数ともに少なく、やめようかと思いましたが、いろいろな人の支

えで 10 年間継続することができています。

　平成 27(2015)年には、出展数 82、来場者 1,500 人の規模になり、地域の大きな催しの一つにまで定着することができました。

　また姫路市と協働して、地域の居場所づくりとして地域サロンの普及・啓発にも取り組んでおり、空き家を借りて地域住民が自由に運営できる形で開放しています。地域の方に「ここができてよかった」、「近所なのに、今までこんなに話すことがなかった」などの感想を言ってもらえて本当にうれしく思います。

　地域サロンをしている町内会で、夏祭りを行ったところ、最初は「そんなことは自治会に任せとき」と言っていたご近所の方がたが、当日になったらドンドン手伝ってくださって、次の年には、自治会の有志の方たちがすすんで、草刈り、やぐらの準備、盆踊りの段取りをしてくださいました。また地元消防団員の皆さんが警備をしてくださるなど、だんだんと地域の夏祭りになろうとしています。

◆「はなのいえ農園」

　姫路市に隣接する太子町に「はなのいえ農園」があります。きっかけは「使ってないから」という知人の一言から……。

　「はなのいえ」の利用者と共に 5 年間通い続けました。すると近所の方が「水はどうしている」、「機械はあるのか」、「困ってるなら、うちの道具を

使ってええぞ」と言ってくださるようになりました。「はなのいえ農園」専属のスタッフも現れ、農作業の手伝いに引きこもりだった青年が来るようになったり、地域の子どもたちと収穫体験が実施できるようになるなど、地域でのつながりがどんどん増えていきました。

　お年寄りができにくくなってきた農作業を、障がい者が少しずつお手伝いできるような環境が整いつつあります。これが「新しい地域の循環」の始まりであり、これから最も必要になってくると思います。

◆〈福祉＋地域＝新しい循環〉

「地域とつくるレストラン　はなの家」を開設

平成27（2015）年に就労継続支援B型として
「地域とつくるレストランはなの家」をオープンし
ました。

農地で周りが田んぼののどかな田園地域。この
レストランには、いろいろな要素が混ざっていま
す。障がい者の就労の場はもとより、お年寄りに
とっては居場所になったり生きがいづくりになっ
たり、打ち合わせの場所になったり、自治会の役
員会やグループのイベントなど使い方はさまざまです。「ここにこんなレストラン
ができるなんて思ってなかった。作ってくれてほんまにありがとう」と何人かの方
に言われました。このレストランがこの地域にとっての社会資源になっていくこと
を願っています。

「はなのいえ」のスタッフをはじめ、レストランのお客さんなど、みんなで新しい
ものをつくっていきたいと考えています。それこそ名前どおり「地域とつくるレス
トラン」になっていくことを願っています。

地域でお年寄りができにくくなってきたことを、障がい者が手伝って、お互いに
助けられたり助けたり、と少しずつ取り組んでいけるようにしたいと考えています。

◆始まり、そして今　活動および取り組みの背景

「ゆいの里」は、平成８（1996）年、栃木県那須郡西那須野町（現・那須塩原市）で、居場所づくり（デイホーム）を目的にスタートしました。介護保険制度前の措置の時代、住み慣れた地域でその人らしく暮らし続けていくための居場所をつくりたいと子育て支援や高齢者施設に勤務する仲間が手弁当で集いました。

■ 初代デイホームの家

　町中にやっと見つけた 18 坪の平屋が初めての居場所「デイホームホットスペースゆい」となりました。ここを核に子育て支援、在宅支援、自立支援の活動を開始しました。自主事業の運営は厳しかったものの制度の枠にしばられず、制度の狭間にあり行き場のない認知症の高齢者、重度心身障がい児、不登校の子ども、障がいのある人と地域の人が時間と空間を共有し、お互いに支え合う居場所が存在していました。支援の必要性に応じ、ヘルパー派遣や移送サービスも柔軟に行ってきました。

　平成 12（2000）年介護保険制度スタートの年、利用していた高齢者の自己負担を検討した結果、「ゆいの里」は NPO 法人となり、デイホームは認知症の人たちの安心な居場所、通所介護事業所となりました。支援費制度や自立支援法が成立し、生きにくさを抱えた人たちの受け皿もできました。それ以来、「デイホームホットスペースゆい」は、今も２階建て 50 坪の家で、定員 10 名の小規模で家庭的な居場所を維持しています。自立支援介護をもとに、認知症や障がいのある要介護高齢者がもっている自分の力を生かし、楽しみながらできること、したいことをする生活リハビリを実践するなかで、多くのことを学ばせていただきました。この経験が後に高齢者の力を生かした街の中の居場所「街中サロン」の構想につながっています。

■ 現在のデイホームの家

◆まちの縁側「あったかいごや」

　二つめの居場所は、介護保険が始まった翌年、街の真ん中の空き店舗を活用したまちの縁側「あったかいごや」（あったかい＋かいごのお店）です。

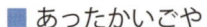

■ あったかいごや

　地域のお茶飲み場、街の中の居場所、ときに駆け込み寺、気軽な相談所はトータルサポートセンターとして、子どもから高齢者、障がいのある人たちが訪れ、専門職の情報交換や集いの場になるなど、確かな手ごたえと場の必要性を感じました。ここを拠点に「街中サロン」を計画しましたが、栃木県補助事業の必須条件である商店会がないため、新たな物件での準備をすすめました。

　なお、「あったかいごや」は地域包括支援センターが動き始めた平成 18（2006）年に閉店となりました。

◆介護保険に頼らない地域の居場所づくり

　市民がつくる地域の居場所「街中サロンなじみ庵」は、平成 17（2005）年 11 月、JR 西那須野駅前の空き店舗を利用して開設しました。「なじみ庵」の「なじみ」は認知症ケアのなじみの関係から名づけました。那須塩原市の「元気なまちづくり事業（その後『街中サロン事業』）」、栃木県の「ここだけの商店街創生事業」の補助を受けて店舗改修工事、食堂の厨房設備と車いす対応バリアフリートイレを増設しました。食堂と工房（フリースペース）の二つの店舗を活用しています。

　「介護予防はボランティアから」を合言葉に、① 自助を高める＝生きがいづくり、役割づくり、居場所づくり ② 互助をつくる＝お互いさまで支え合う仲間づくり ③ おいしく食べる＝安心な居場所づくりの 3 点をめざし、開設当初から、高齢者の自主的な「参加」、高齢者の力を生かす「役割」、地域の居場所としての「環境」をつくる運営を心がけてきました。

　老若男女誰もが利用できる街中サロンには、飲食店組合にも加入している食堂と自由に通える空間があります。サロンを動かす主役は会員と地域

■ なじみ庵全景

のボランティアです。

　会員は「なじみ庵」の運営規約に賛同する那須塩原市に住む65歳以上の人で、月会費250円、全員がボランティア保険（年額300円）に加入しています。会員特典として、「おふくろの味日替わりランチ」（コーヒー付き）が300円（一般500円）、

■ ランチ時のなじみ庵

手作り品展示販売のレンタルボックス使用料半額となります。

　「街中サロンなじみ庵」は、「行きたい場所がある　会いたい人がいる」という会員からの新しい合言葉が生まれました。デイサービスに行く前に、閉じこもりから脱出して、自主的な外出と新しい出会いを促しました。仲間といっしょに活動し、個食より会食で栄養状態も改善し、健康の維持向上につながりました。

　「ケアされる人から支え合う人へ」の仲間づくり、居場所づくりのために、毎週火・金曜日に「転ばぬ先の知恵教室」、「物忘れ知らず教室」の介護予防教室を定期的に開催していました。からだと心を動かすさまざまなアクティビティーと認知症や脱水予防、病気や薬、介護保険を、「明日はわが身」と共に学び体験しました。

　サロン運営はボランティアの存在が不可欠です。会員みんながボランティアの意識で、送迎（独居や歩行困難な会員の無料送迎）、ランチの食事作り、ランチ食材の野菜作り、介護予防教室、自主グループ活動（踊りを楽しむ会、歌声喫茶、切り絵、折り紙、健康麻雀、ハーモニカ等）等の活動を会員が主体となって行いました。

街中サロン運営状況概要　（平成27年度なじみ庵最終年度）報告
- 開庵日時：月～金 9:00～17:00（平成23年より土・日公休、祝日営業）
- 運営主体：NPO法人ゆいの里　コーディネーター職員が1名以上常駐。
- 平成27年度会員数 105名（会員の約1/4は要支援・要介護認定者）
- 会員平均年齢80.2歳（男性79.4歳、女性80.7歳）
- 男女別会員数 男性33人（31%）：女性72人（69%）
- 来庵者延べ人数 13,540名（内訳：子ども371人（3%）、大人2,894名（21%）、高齢者10,275人（76%））
- 年間開庵日（＝ランチ提供日）：257日　ランチ提供数：8,606食 平均33.5食/日
- 無料送迎車利用延べ人数：2,833人（11人/日）

　「街中サロンなじみ庵」は、当初予定の10年間の活動が終了し、平成28（2016）年3月31日に閉店しました。地域や高齢者のもっている「もったいない力」を生かした居場所づくりとして、一定の成果と可能性が示せたと区切りをつけた形です。平成28年度からは、元なじみ庵会員による自主的な集いや公民館を会場に「転ばぬ先の知恵教室」を地域包括支援センターと定期開催しています。

◆地域包括ケア　介護予防・日常生活支援総合事業についての考察

　地域包括ケア実現のために、自助・互助・共助・公助の役割分担と連携が欠かせませんがそのバランスも重要です。共助である医療と介護の連携、専門職は多職種連携の体制づくりが図られている一方、自助・互助の担い手であり当事者の市民、高齢者やその家族は突然やってくる介護に専門家や共助を頼らざるを得ない状況にあります。地域包括ケアの入口は自助、そして互助であり、その担い手は市民です。ケアを受ける客体となる前に、主体としての学び、自助を高め、支え合う意識の変容と行動が求められています。

　振り返ると昔の居場所づくり「宅老所」は、誰かに頼まれたわけではなく、それぞれが必要だと感じ、つくりたいと考えた市民が自主的に動いて地域から芽生えてきたものです。

　今、なぜ、これが求められているのか、できることは何か、何がしたいか、思いを共有できる仲間や地域が、「明日はわが身のお互いさま」と動き出せば、地域ごとの個性ある支援の形が生まれてくると考えます。

〜ゆるやかに受けとめて、最期まで支えるまちづくり〜

◆宅老所かいご家、訪問介護かいご家

平成 12（2000）年 1 月に有限会社かいご家設立。お年寄り、障がい児・者への通い、訪問、泊まり活動を行っています。

◆立ち上げ時の想いからあれこれ

かいご家は、立派な理念だけで地域のニーズにそぐわない介護支援ではなく、「今、目の前のニーズに応える介護、支援がしたい」と始めました。小さな福祉で一人ひとりの個性を大切にしたい、「その人らしさを大切にするケア」そして「気づく、考える、心配する、実行する」ケアをめざしています。

かいご家では、直接訪れてくださった当事者や家族からの相談の声に応えようと支援を続けた結果、自主事業に留まらなくなりました。そのため、介護保険制度や障害者総合支援法の事業をすることになり、さらに「共生型の宅老所」と自然に変化していきました。

平成 12（2000）年当時は、行政は「共生型」をもちろん認めてはくれず、お金もないなか、仲間と想いだけで始めました。狭くて介護設備もない 1 棟のアパートでした。

それでも、かいご家を必要とする人達がどんどんと相談に来られました。自分に合った適切なケアが受けられない（制度に該当しない？）方達が、かいご家を頼って来られました。そして、そんな声に一つひとつ応えていった結果が現在のかいご家の活動となっています。

私たちが事業内容を決めるものでもなく、支援の手段を私たちが選ぶとこともありません。地域、家族と協働で活動内容を共に考えて形にしていくものと考えています。

◆これからの宅老所の役割

以前、長野県内に宅老所は 3 か所しかありませんでしたが、平成 28（2016）年現在は 400 か所以上存在しています。しかし、宅老所も時代の流れのなかで様変わ

りしてきました。昔のように空き家を改修して、家庭的なノスタルジックな介護をしたくてもハード面で条件があり、実施が難しくなってきています。

　そのような状況下で宅老所が今後どのような地域で役割を担っていくかを考えていいます。それは宅老所が、支援を必要としている人達と地域をつなげながら支えていくだと思います。

　高齢者や障害者が地域のなかで役割を発揮したり、居場所を見つけるには、どうすればよいかを考えていくことが必要ではないでしょうか。

　地域にある大規模な福祉施設には大規模なりの役割が、宅老所のような小規模な福祉拠点には、小規模なりの役割があります。今こそ、宅老所の特徴である小規模・多機能で地域と密着しながら、一人ひとりのニーズ応じて活動を進化させていくことが、必要とされていく時代になっていると感じます。

サービスを立ち上げるために

1　地域が本当に必要としているサービスのつくり方

まずは地域を歩こう

1）身近な人のケアから考えよう

　まず、「あなたの知っている地域の人々が、いま何を必要としているのか」を考えましょう。近所の顔見知りのお年寄りや障がいのある人、子育て中の人、あるいは自分の家族でもかまいません。具体的な人を思い浮かべ、その人が地域で暮らし続けるために、どんな活動が必要なのかを考えてください（図表9）。

　大切なのは一人ひとりと向き合い、そこで必要とされることから始めることです。いきなり宅老所を始めよう・立ち上げようと考えるのではなく、本当に地域に必要なことは何なのか、すでにあるものを活用できないのか、無理に作らなくてもいいのではないかと考えてみましょう。

　たとえば、お年寄りの自宅でサロンを開催したり、地域の広場でバザーを開いて

図表9 ● 一人ひとりを思い浮かべて活動を考えよう

利用者を主体として、地域とつなげていく。つながっていく。

	地域	方法	対象
本人	住んでいる地域	利用者宅を利用したサロン	本人、本人の家族、友達、周辺住民、知人
	・お年寄りのお宅がある地域	・お年寄りの自宅でのサロン（住み開き）	・家族、周辺住民、お店の人
	今いる地域	今いる拠点でのきっかけづくり	本人、本人の家族、友達拠点周辺の住民や関係者
きっかけづくり	・宅老所、地域サロン	・日々の受け入れやサロン参加 ・地域行事の参加、実施 ・イベントやフォーラム	・家族、友達、地域の皆さん、ボランティア、多くの皆さん
	その他の地域	新たな地域でのきっかけづくり	利用者の家族、友達周辺住民や関心層の人々
	・A農園やB竹林、C商店など関わりのある場所	・作業等を通じた関わり ・地域行事の参加、実施 ・地域の人々と積極的に関わる	・家族、地域の皆さん

みるなど、本人と地域の人たちが関係性をもつきっかけをつくることでもいいのです。最初から「宅老所を立ち上げよう」と思わずに、サロンから始まり、要支援、要介護などの状況の変化に応じて、継続的な日中の居場所をつくっていくなどと考えてはいかがでしょうか？　宅老所のなかにも、地域サロンを行っている所がたくさんあります。

【宅老所の原点を大切に】
　宅老所の原点は、あくまで「一人ひとりのニーズに応えることから出発する」です。介護保険制度ありきで支援を考えるのではなく、本人（お年寄りや障がい者など）や地域に必要とされる支援とは何かを先に考えなければなりません。また、宅老所の理念を軸にした支援を行う場合、制度だけでは不十分な可能性もあることを認識しておく必要があります。そのうえで、制度の活用の仕方を検討することが大切です。制度と制度外の支援を上手に組み合わせられると、宅老所の理念と運営を両立しやすくなるでしょう。

　次に、少し広い地域に目を向けてみましょう。あなたが活動を始めようとしている地域では、どんなサービスが必要とされているのかを調べてみてください。調べていくうちに、地域のお年寄りや家族、福祉関係者や自治体のおかれた状況が見えてくるでしょう。

2）地域の情報を集めるには

　実際に地域の情報を集めるためには、どうしたらよいでしょうか？　まずは、地域の社会福祉協議会（以下、社協）や市民活動支援組織などで、地域の情報や活動団体の情報を聞きましょう。ほかにも、自治会や町内会、公民館等でも情報が得られるかもしれません。自分の地域でどのようなところに情報が集まっているのかを聞いてみることで、効率的に情報を得ることができます。

　また、宅老所に関して詳しく知りたい場合は、全国的な組織として「宅老所全国ネット」と「全国認知症グループホーム協会」があります。前者は制度利用の有無にかかわらず宅老所や小規模ホームをゆるやかにまとめる組織であり、後者は、介護保険制度にのっとったグループホームの事業者団体という性格があります。

　これらの組織には、都道府県で連絡会を結成しているところもあるので、その事務局に連絡をとって、実際の施設を見学することについて相談してみるとよいでしょう。地域の中で高い評価を受けている宅老所を見学すれば、学ぶことが多いでしょう。複数の宅老所を見学し、比較検討することも参考になります。

2　活動場所の確保

1　生活感あふれる環境づくりが大切

　宅老所を開設したい場合、あなたが思うケアの理念を実現するためには、どのような場所に開設するのがふさわしいのでしょうか。宅老所の理念とは、お年寄り一人ひとりの気持ちを大切にするということが出発点でした。多くのお年寄りは、住み慣れた地域、住み慣れた家で生活したいという希望をもっています。だとすれば、お年寄りが「ここで過ごしたい」と思う場所は、自分が住み慣れた家か、それに近い場所ではないでしょうか。実際、1990 年代の終わり頃から草の根で急速に広がった宅老所では、普通の民家を利用することが多く、その中で認知症のお年寄りの気持ちが落ち着くことに、皆が気づき始めたのです。お年寄りが日常を過ごす施設では、生活感の漂う環境づくりが求められています。それは、何か特別なことではなく、今ここにある普通の家、普通の生活のちょっとした工夫でできるもののはずです。

2 活動のイメージをもって場所を選ぶ

では、あなたがイメージする活動はどのような場所が適切で、どのように確保すればよいでしょうか。自宅を開放して行う、すでに空いている店舗や部屋を持っている、安くまたは無料で貸してくれる大家さんがいる、公共施設を活用する、場所は特定せずに毎回みんなが集まりやすい場所で行うなど、あなたの活動に合った場所を検討しましょう。

〈あなたの活動に合った場所を考えよう〉

自宅開放・空き家	空き教室	空き店舗
		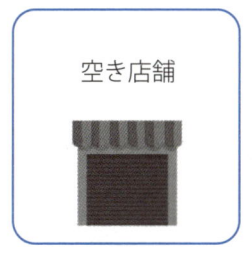
介護施設	集まりやすい場所	公共施設

また、物件を借りて実施する場合は、何らかの基準をもって物件を選ぶ必要が出てきます。考えるべき要素は次のとおりです。

【物件を選ぶポイント】
・賃料（収支計画のなかで支払い可能な賃料）
・建物の形状（活動の内容、人数などに基づき必要な規模や間取り）
・立地（できれば、公園、商店街、学校など生活環境へ配慮）
・大家さんや近隣の理解（特に継続していくには、大家さんの理解が必要）

なお、もし既存の施設を使って介護事業を実施するとしても、ケアの内容に応じて改修を施す必要が出てきます。改修にあたっては、お金の問題と、ケアの理念の問題があります。

お金の問題とは、今、改修にどれだけ費用をかけられるか、ということです。立ち上げ時に必要な経費はいろいろありますが、資金にも限りがあります。どこまで

改修にお金をかけるのかを、今後の運営も含めた全体の資金計画のなかで判断する必要が出てきます。資金の枠を決めたとして、次に、どこを優先的に改修するかを決めていくことになります。ここで、ケアの理念が問われてきます。

　段差をなくして平らにするのか、それともそのまま残すのか。みんなが集まれるような広い居間を作るかどうか。こういったことは、宅老所のケアのイメージが明確になって初めて判断できることです。たとえば段差については、なるべく平らにして転倒などの事故を防ぐという考え方もあれば、ある程度段差を残してお年寄りの残存能力を維持しよう、という考え方もあります。

　こうして考えてくると、活動場所のイメージがだんだん明確になってくるのではないでしょうか。

3　メリットとデメリットをおさえて活動場所を見つける

　それぞれの活動場所にはメリットとデメリットがあります。たとえば、自宅を開放する場合、初期投資がかからず、経済的負担が小さくてすむのがメリットですが、居住者のプライバシーがなくなってしまうのがデメリットといえます。また、民家を賃貸する場合は、ちょうどその逆で経済的負担の課題が大きくなります。

　いずれにしても、活動場所の取得費や賃料が宅老所の運営を圧迫するようでは、状況は厳しいといえます。場所代を負担するために、その他のコストを削減してケアの質が落ちるということがあっては、本末転倒です。それぞれの実情に合わせて、身の丈にあった活動場所を選択することが望ましいと考えられます。なお、自治体によっては、土地や建物探しについて相談に応じてもらえる場合もあります。市町村がサービスを立ち上げようとする人と土地の提供者との仲介を行っているところもあります。個々の宅老所で解決が難しければ、自治体や連絡会組織などに相談してみるとよいでしょう。

3　地域との最初の出会いを大切に

　宅老所として開設し、「生活の場」となることをめざすならば、宅老所の中だけで完結するのではなく、地域の人たちとのつながりをつくることが大切です。それによって、本人と地域の人たちの交流が生まれ、宅老所の外でも充実した生活を送ってもらうことができます。また、このような交流は、地域の人たちの生活をより豊かにすることにもつながります。

　地域と出会う最初の一歩は、活動場所を開設するときです。たとえば、新しい土地へ引っ越した場合、近隣の人に挨拶をして回る人は多いでしょう。それと同様に、開設する場所や時期が決まったら、早い時期に近隣への挨拶をすることが大切です。近隣では、必ずしも宅老所の開設を好ましくないと思っている人がいることもあります。しかし、活動メンバーが積極的に声を出して挨拶する、といったことを徹底するだけでも、近隣の方の姿勢がずいぶん肯定的に変わってくることがあります。地域とは長い付き合いになりますので、あくまでも謙虚な姿勢で、地道な取り組みを続けることが大切です。

【地域への“お披露目”の方法】
●町内会・自治会・商店会の会長や民生委員など、地域のリーダーに挨拶する
●地域の会合やお祭りに参加・出店する
●開設のチラシを回覧板で回してもらう
●宅老所のオープニングイベントに招待する
●見学会を開催する

【地域のいろいろな人が支え合う居場所】

　活動をいざ立ち上げると、やらなければならないことが山のように出てきて、落ち着いて物事を考える余裕を失ってしまうかもしれません。そうすると、宅老所だけで提供できる範囲の支援に限定して考えがちです。しかし、活動は決して自分たちだけの力で成り立っているのではなく、地域との関係のなかで成り立っていることを思い出すことが大切です。

　ある宅老所では、開設したときに、スタッフが積極的に認知症のお年寄りと散歩に出かけるようにしました。スタッフが大きな声で挨拶をするなど、地域の人に顔を覚えてもらう努力を続けるうちに、地域の理解も深まり、宅老所に積極的に手を貸してくれる人も出てきました。

　宅老所から自宅に帰ったお年寄りが、一人で出かけてしまうようなことも起こります。そんなとき、地域の人たちがお年寄りのことを知っていれば、声をかけて見守ったり、何かあったときに宅老所に連絡してもらうことが可能になります。そのため宅老所にとっては、普段から地域の町内会の人や商店、交番に相談し、お年寄りを地域の人たちといっしょに見守るような体制をつくっておくことが大切になってきます。

　このように、地域との協力関係を築くことは、ご近所同士のお付き合いという意味にとどまらず、宅老所の活動そのものを良い方向に変えることにつながります。お年寄りにとっても、地域の人たちとの関わりをもつことは、生きる喜びにもつながります。

4　地域に開かれた拠点づくり

1　地域との相乗効果を生み出す関係づくり

地域を頼り、地域から頼られる拠点になるために

　多くのお年寄りは、もともとは自分が住み慣れた地域の中で、地域の人びととの関係をもちながら暮らしています。ところが、要介護の状態になると、それまでの地域との関係が途絶えてしまう、というケースが少なくありません。宅老所は地域の人々の生活を支える拠点ですから、宅老所を利用するお年寄りは、遠方の施設に通ったり、入居しなければならない人と比べれば、地域との関係を保ちやすい環境にいます。

　とはいえ、地域に近い施設であれば必ず地域との関係が保たれる、ということではありません。地域が宅老所にお年寄りを任せきりにして、これまでの関係から手を引いてしまえば、遠方の施設に行くときと同じことが起こってしまいます。これまで、ややもすると特別養護老人ホームやデイサービスセンターなどの介護施設が充実すればするほど、地域の人びとが施設に頼りきり、お年寄りに無関心になってしまうという状況が生じていました。宅老所が同じ状況を招いてしまっては、宅老所の理念の一つである地域に根ざした生活を実現することはできません。

　宅老所と地域とは、一方が強くなれば一方が弱まるという「トレードオフ」の関係ではなく、宅老所のケアと地域の支え合い活動が共に高まる「合力」の関係をめざすべきです。そのためには、宅老所はお年寄りを施設内で抱え込むのではなく、積極的に外に出ていくことで良い結果を生みます。地域の人々に見守りなどの協力をしてもらい、いっしょにケアを行う方向に変えていくのです。

　これらの考え方は、地域サロンなど地域の住民を対象としたあらゆる活動の考え方として重要です。障がいがあってもなくても、住み慣れた地域で暮らし続けることができるよう、日頃から地域の方との顔通しを良くし、お互いさまの関係性を築いていけるように努めましょう。

2　地域の一員としての役割

1）活動拠点を地域との交流拠点に

　地域との協力関係の土壌ができてきたら、次は、一人ひとりの参加者と地域の人々との交流を深めるための拠点として活用できるよう検討してはどうでしょうか。たとえば、一人暮らしのお年寄りの食事会や子育てサロンなどを開いたり、障がいのある人が描いた絵画展や介護予防教室などのイベントを開催することも考えられます。地域の人が活動場所に入る機会をつくることによってお互いの理解を深めることにつながり、地域との関係を保ちながら充実した毎日を送ることができるようになるのです。

　また、地域との交流の場を設けることは、地域のニーズを把握するためのよい機会になります。活動メンバーと地域の人たちが膝を交えて、「今、自分たちの地域に何がたりないのか」を語り合うことができれば、お互いに貴重な時間を過ごすことができるでしょう。

2）地域と積極的に関わり、理解者を増やす

　宅老所も地域を構成するメンバーの一員です。地域との協力関係を築くためにも、地域のために宅老所ができることは積極的に行っていくとよいでしょう。

　前述した地域との交流拠点づくりなどもそれに当てはまりますが、それ以外にも、環境問題や防災などの取り組み、自治会や民生委員と協働した取り組み、コミュニティーレストランなどの地域との共同運営などが考えられます。

　たとえば、グループホームが防災訓練を行うにあたって、施設のスタッフとお年寄りだけでなく、地域の人たちを巻き込み、施設と地域の合同で訓練を実施しています。いざ災害が起こったとき、地域ぐるみでどんな対応ができるのか、それを地域全体で検証することができるのです。宅老所の活動を起点として、地域全体の福祉を向上させることができるすばらしい取り組みといえるでしょう。

　宅老所の地域への貢献が認知されてくれば、宅老所のケアや取り組みそのものに対する理解者も増えてきます。ボランティアをやりたい、運営を支援したい、という人も出てくるかもしれません。ひいては、お年寄りへのケアの質の向上にもつながってくることになります。地域と宅老所とがお互いに支援し合う、ギブアンドテイクの関係を築くことができるのです。

5　事業計画・収支計画の策定

1　計画のイメージを形にしてみよう

1）団体のメッセージとしての事業計画をつくる

　事業計画をつくる段階では、これから始める活動のイメージが具体的になっていることが必要です。事業計画をつくるときは、最低限、次に掲げる項目をおさえましょう。

【事業計画でおさえるべき項目】
・開設の目的（めざしたい状況、理想）
・開設する場所（どこを拠点にするのか）
・開設時期（いつから始めるのか）
・サービスの内容（どんな活動をするのか）
・定員（どのくらい受け入れるのか）
・メンバーの人数、役割（無償なのか有償なのか、何人必要で、何をやってもらうのか）

　新たな活動を立ち上げる場合には、自治体、他の関係団体、地域住民などに対して自分たちの事業を PR し、理解を求めていくことになります。ここで具体化した事業計画は、その理解を求めるための大切なツールになります。さまざまな人たちの理解を得るためには、事業計画の内容が地域の求めているものであり、かつ、実現性があって継続可能なものでなければなりません。もし、事業計画が地域の人たちにとって魅力が感じられない内容であれば、活動に対して積極的な協力を得ることが難しくなってしまうかもしれません。逆に、地域にとって魅力ある事業計画ができたならば、地域の理解を得るための強力なツールとなるのです。こうしてみると、地域のニーズをしっかりと調べ、それを踏まえた事業計画をつくることがとても重要であることがわかります。もちろん、個々の事情もありますし、すべてのニーズに応えることは不可能ですが、事業内容が地域のニーズにどれだけ合致しているかが、地域にとっての魅力に直結してくるものと考えられます。

2）事業計画に必要な 3 要素をおさえる

　事業計画の書き方には、特に形式があるわけではありませんが、最低限の内容として、事業方針、事業内容、収支予算の 3 要素を盛り込む必要があります。

　前頁でおさえるべき項目として挙げた開設の目的、場所、サービス内容などがわかるように、それぞれ文章に落とし込んでいきます。慣れない方にとっては面倒な作業になるかもしれませんが、読む人にとってわかりやすいように、項目立てをして整理していくことが大切です。法人化の話はここではふれませんが、NPO 法人の認証手続きでも事業計画書や収支予算書を提出しなければなりません。外に向かって説明していくには、しっかりとしたものをつくる必要があります。

2　バランス感覚が必要な収支計画

1）事業継続に必要な収入を確保する

　立ち上げ時にきちんとした収支計画を作成しておかないと、せっかく始めた活動もたちまち立ち行かなくなってしまいます。ここでは、収支計画の概要について説明します。

図表 10 ● 収支計算書の例

収　入	支　出
事業収入　　主たる活動からの収入　　その他の活動収入 会費収入 寄付金収入 補助金等収入　　自治体補助金　　民間団体助成金 その他収入　　（受取利息、雑収入など）	人件費　　手当（または給料）　　その他諸手当 福利厚生費 介護用品費 消耗器具備品費 光熱水費 広報費 研修費 その他経費　　（燃料費、印刷製本費、通信運搬費など）

　まず、収入についてです。主な収入項目は、事業の内容にもよりますが、主たる活動からの収入、その他の活動収入、会費収入、寄付金収入、補助金等収入などが挙げられます（図表 10）。

2）事業収入

　最も基本になる事業からの収入です。サロン活動であれば、参加者からの自己負担金額が当たります。また、介護保険内サービスであれば、サービスに応じた介護報酬や本人からの負担金（1割）が収入となります。なお、介護報酬は、実際の入金の時期がサービス提供月の2か月先となることに注意が必要です。介護保険外の自主事業の場合は、本人からの利用料のみが計上されます。また、自治体からの委託を受けて行う事業であれば、委託金収入となります。

3）事業収入以外の収入

　事業収入以外で運営の支えとなるのが、会費収入、寄付金収入、補助金等収入などです。事業にはどうしても波があるので、安定した収入源があることは安定した経営につながります。会費収入や寄付金収入は、地域と宅老所との関係づくりの要素が大きい部分であり、額は小さくとも宅老所にとっての大きな支えとなります。また、補助金等収入については、地域サロンなどを実施する場合に、介護予防・日常生活支援総合事業での通所型サービスBなどに該当できる場合もありますので（22頁 図表8参照）、市町村や地域包括支援センターなどに事前に相談しましょう。ほかにも、任意団体でもさまざまな助成金がありますので、大いに活用しましょう。こうした情報は、インターネットで集めることができますし、都道府県や市町村の社協や、市民活動支援組織等に相談してみるとよいでしょう。

4）納得感と負担感のバランスをとる

　宅老所では、一人ひとりのニーズに応じた柔軟なサービスを行うために、介護保険によらない自由契約で「通い」や「泊まり」、「生活支援活動」をしている所が多くあります。その料金をいくらに設定するのかはまったく自由なので、金額設定は難しい問題です。料金設定は、サービスの経費（主に人件費）と、利用者の支払い可能な金額との間のバランスの問題であり、人件費や生活費の高い都市部とそうでもない地方部では、金額が違ってくるはずです。本人負担を軽減するために介護保険事業を活用する場合は、介護費用として1割の本人負担となります。これとは別に、食事代や生活費（光熱水費、家賃）をいただくことができます。

　これらの金額をいくらに設定するかは、事業者の裁量になりますが、これから宅老所を立ち上げようとする人は、地域内や近隣の地域で同様なサービスを行っている事業者の金額を参考にしながら、自分たちのケアや活動の理念に基づいて、慎重

に金額を設定することが必要になってきます。

5）支える側の生活を維持するための支出を計算する

■活動メンバーの人件費が大きな割合を占める

次に、支出について説明します。これも活動の内容によって変わります。

支出で主な項目となるのは、人件費、光熱水費、消耗器具備品費、広報費、研修費などが挙げられます（図表 10）。ほかに、活動場所を借りている場合であれば家賃などの賃借料が発生し、食事を提供する場合であれば給食材料費が発生します。

このうち、最も大きな割合を占めるのが人件費です。（もちろん、お給料を出す予定がなく、メンバーも了承している場合は、人件費は必要ありません。）どの程度の人件費が妥当なのかについては、さまざまな価値観を含む問題でもあり、答えは一つではないようです。宅老所のなかにも、有給スタッフに社会福祉法人並みの給与を払えることを目標にがんばっているところがあります。どの程度の規模で、どれだけの活動を行えば、どんな給与水準になるのか、今はまさに模索中といった状況です。

■地域とのつながりがコストの削減にもつながる

宅老所は受け入れ人数が少ないので、得られる事業収入には限りがあります。経営を安定させるには、事業収入以外の収入を獲得するか、支出を抑えるしかありません。

ここでも、地域との関係構築が一つのポイントになってきます。地域と良い関係をつくることが、必要な備品を地域の人から寄付してもらい経費を節約することにもつながります。また、逆の発想で、立ち上げ時に資金や備品を提供してもらうことによって地域とのつながりをつくるという工夫もあります。

6　仲間集め

1　仲間集めの原則

1）最初は気心の通じた仲間と始めるのが安心

　宅老所に限らず、介護・福祉の活動は人が財産といえますが、少人数の活動の場合はなおさらです。メンバーによって、その活動の質が決まるといっても過言ではありません。

　従って、最初は、活動の考え方が合意できる気心の通じた仲間で始める場合が多いようです。なかには、家族で始める場合もあります。有給スタッフを広く求人をして採用する場合、その人が活動に適した人材かどうか未知数ですし、メンバーとして育成する必要も出てきます。新たなメンバーを迎えると、それだけ負担が大きくなる面があります。

　ボランティアとして携わっていた人を有給スタッフとして採用するような方法は、ある程度人物の見極めもついているので、無難だといえます。

2）スタッフを募集するときには、求める人材を明確に

　とはいっても、宅老所として活動が拡大してきた場合には、新たなメンバーを募集する必要が出てきます。新たな人材を募集するときには、次のようなことに留意する必要があります。

　第一に、あなたがめざすケアの方向を明確にし、それにふさわしい人材像のイメージをもつことです。たとえば、人生経験の豊かな人がよいのか、先入観がなくまっさらな感性で接することができる人がよいのかは、ケアの考え方と同時に、スタッフの受容力・育成力にも関わってくる問題でしょう。

　次に、そういう人材がどういうところに集まりやすいかを考え、その場所にポスターを張ったりチラシを置いたりして募集をかける方法が最もお金のかからないやり方といえます。また、ボランティアや支援者を通じて、地域の方に呼びかけるなどの方法もよいでしょう。

〈仲間の輪を広げよう〉

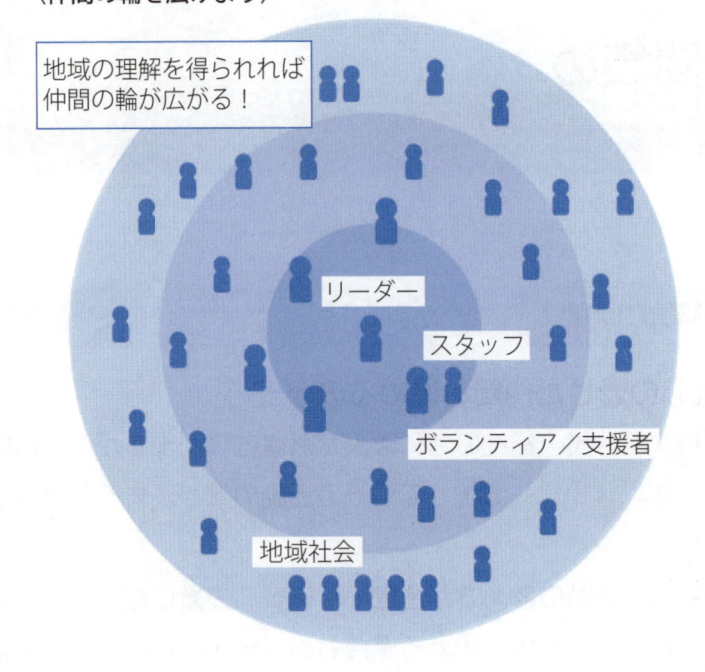

地域の理解を得られれば
仲間の輪が広がる！

リーダー

スタッフ

ボランティア／支援者

地域社会

3）事業計画を活用する

　さらに、仲間を集めるにあたって活用すべきものが、自分たちが策定した事業計画です。事業計画には、宅老所がめざすべきケアの中身が書かれており、地域へのメッセージとしても使えるものです。

　地域に対して事業計画を広く公表し、あなたがめざす状況や目的、活動の詳細について地域の理解を得ることが大切です。地域の理解が得られれば、たとえばメンバーとして協力したい、という人が現れるかもしれません。また、事業の趣旨に共感したという人から、資金の提供をしたい、という申し出を受けることがあるかもしれません。活動に対する地域の理解者、仲間が増えれば増えるほど、活動がやりやすくなります。積極的に情報を発信していきましょう。

2　スタッフとの関わり

1）スタッフに求められる心構えとスキルを伝える

　宅老所は「小規模」であることから、スタッフの数も十数人のところがほとんどです。その結果、一人ひとりが任される仕事の負担は自然と重いものになってきます。もちろん、新人が入ってくれば、最初は、周囲の先輩たちが、活動のイロハを

丁寧に指導します。しかし、先輩スタッフの負担を考えれば、1日でも早く独り立ちしてほしい、というのが本音でしょう。たとえれば職人の世界のようなもので、スタッフには、活動に必要なノウハウを身につけ、早く独り立ちすることが求められます。

　また、少人数であるがゆえに、スタッフ一人ひとりが自分の専門分野だけをこなしていればいいという状況ではなく、複数の役割をこなす必要が出てきます。スタッフには、現場の状況を見ながら、今何をすべきかを自分の頭で考え、率先して行動に移せる「自発性」が求められます。

　与えられたことだけをこなすのではなく、「一人ひとりの生活を支えたい」という意欲があり、そのために必要なことをやろうと考えている人にとっては、それだけやりがいのあることだといえます。ただ、独りよがりになることなく、あくまでもチームケアを支える一員として行動することも重要になります。多機能な宅老所での活動をすることを通じて、生活を支えるという福祉分野のプロフェッショナルへと成長することができるのではないでしょうか。なお、多忙ななかでも、各スタッフが宅老所のケアの理念を共有し、一人ひとりと向き合う気持ちを忘れずにもち続けることが何よりも大切であることは、言うまでもありません。

2）気持ちよく働いてもらうための労働条件を整備する

　労働基準監督署などに寄せられる労働相談の件数は、年々増加しているそうです。宅老所も例外とはいえません。リーダーとスタッフの間の労働条件などに関するトラブルは、宅老所でも常に起こりうる問題です。

　宅老所は、「人＝スタッフ」で成り立っているといっても過言ではありません。そのスタッフを大切にできないようでは、リーダーとして失格です。ひとたびトラブルが起これば、リーダーやスタッフだけでなく、お年寄りにとっても大きなダメージとなります。スタッフを雇用した活動としてやっていくならば、労働・雇用関係の最低限のルールを守る必要があります。

　労働基準法第15条第1項によれば、「使用者は、労働契約の締結に際し、労働者に対して賃金、労働時間、その他の労働条件を明示しなければならない」と規定されています。まずは、労働条件通知書を交付し、「人材は大切でありスタッフが安心して働けるように努めたい」というリーダーの思いを伝えてください。

　また、ある宅老所では、「スタッフも一つの共同体である」と位置づけ、それぞれが抱える家庭の事情や健康状態などを共有し、お互いに助け合い、カバーし合いな

がら運営しているといいます。リーダーは、制度面だけでなく、真に働きやすい環境づくりに取り組むことが大切です。

3　ボランティアを通じた地域との関係づくり

　地域のボランティアを受け入れることは、地域社会との支え合いの関係を構築することにつながります。そうやって築かれた地域社会は、そこに暮らす人たちの生活の質を支える基盤であり、お金には換算できない価値のある資産です。たとえば災害が起きたときなど、地域の支え合いの関係が強い地域と弱い地域では、人的被害の程度などにも影響が出てくるのではないでしょうか。常日頃から地域の支え合いの関係があることによって、いざというときにお互いの安否を確認して助け合ったり、地域で一丸となって復興に向けた行動を起こすことができるのです。

　経済的には豊かな社会にあって、地域の支えは目に見えにくくなっていますが、お年寄りや障がいのある人だけでなく、私たちの生活・生命にも関わる大切な命綱なのです。そうした面からも、宅老所が地域のボランティアと良好な関係を築くことは大きな意味があります。

　また、ボランティアは地域で多様な活動を行っているので、地域に関するさまざまな情報をもっています。宅老所にとって、地域のニーズを把握するためのパイプ役となってくれることも期待できます。ボランティアとの関係を通じて、さらに広い「地域」とも良い関係をつくることができれば理想的です。

7　立ち上げ資金の調達

1　立ち上げに必要な経費

　立ち上げにあたって活動場所の確保や改修、物品の調達がともなう場合があります。地域サロンの開設の場合などは、先にふれた、介護予防・日常生活支援総合事業などの活用も相談しながら、必要経費を計算しましょう。

　介護保険の事業所として運営するならば、当座の運営経費も見積もっておく必要があります。介護保険では、介護報酬の入金が2か月先になることも考慮に入れておかなければなりません。事務費用などで意外と出費がかさんでしまった、あるいは思ったより人が集まらず、最初から資金繰りにつまずいてしまう、ということは決して少なくありません。資金計画をしっかり立てることが大切です。

2　資金集めの一般的な方法

　資金集めの方法について、一般的な方法を次に掲げていますが、必ずしもやり方はこれだけではありません。また、資金集めの方法はできるだけ多様化したほうが、安定した運営につながると考えられます。

1）代表・メンバーの持ち出し（出資）

　代表やメンバーが一人〇〇〇円／一口〇〇〇円と設定して負担するやり方です。持ち出しが多くなり過ぎると、継続が難しくなる場合もあります。

2）金融機関等からの借り入れ

　地域密着で中小企業を相手にしている地方銀行や信用金庫、信用組合から借り入れるのが普通ですが、大半の民間金融機関の融資条件には、一定期間、事業を行っていた実績が必要だったり、担保を求められたりするので、実績も資産もない場合は難しいのが現状です。

　政府系金融機関である日本政策金融公庫（旧国民生活金融公庫）、独立行政法人福祉医療機構のほか、地方自治体にも起業資金の融資制度があります。民間より低利であり、担保についても、一定金額以内であれば保証人をつけて無担保でよいなど、独立開業を応援するものとなっています。

　労働金庫では、NPO事業サポートローンや助成を行っているところもあります。また、地域社会や福祉のための活動を行うNPO等に融資を行うNPOバンクもいくつかあります。

3）補助金、助成金

　公的な補助金・助成金（福祉医療機構、自治体等）のほか、民間財団でもさまざまな助成金があります。「全国社会福祉協議会」のホームページや、「シーズ＝市民活動を支える制度をつくる会」のホームページでは、募集中の助成金情報が掲載されています。また、公益財団法人助成財団センターは、全国の助成団体を網羅しています。

4）寄付

　寄付は、活動に対して金銭や物品の提供という形で支援を行うものです。バザーの物品から土地や建物にいたるまで、さまざまな形の寄付があります。寄付を受けたら、寄付金台帳を作って「いつ、誰から、何をもらったのか」を記録しておくことが重要です。寄付者の志を尊重するため、寄付金の使い道について希望を聞くのもいいでしょう。

3　協力者と接点をもつ機会として資金集めを活用する

　資金集めは、団体からお願いして援助してもらうだけのものではありません。取り組みに賛同する人にとっては、応援の気持ちを示す手段、あるいは関わりをもつきっかけでもあるのです。地域との協力関係を築くきっかけとして、ぜひ資金集めの機会を活用しましょう。

●バザー・イベントの開催

　バザーは、家の中にある不用品や本、手作りの物を販売する方法です。地域のお祭りなどの機会に参加する、あるいは、自ら企画・開催することが考えられます。

イベントは、福祉や介護の問題で講演会や映画会などを開いたり、活動を理解してくれる音楽家がいれば、コンサートなどを開いて資金を集める方法です。こうしたバザーやイベントは、単に資金集めの意味だけでなく、地域への理解を広げ、協力関係を築くことができる大切な営みです。

●スポンサー（賛助会員）制度

　すでに地域に理解者がいる場合は、スポンサー（賛助会員）制度の活用も考えられます。これは、運営には直接参加できないが、宅老所の主旨に賛同してくれる人に、一口〇〇〇円と設定し、賛助会員として協力を仰ぐやり方です。この場合、領収書を発行するなど、基本的な手続きをきちんとする必要があります。また、賛助会員には、事業計画や収支予算、決算などを継続的に情報提供していく必要があります。

IV

活動の継続のために

1　スタッフのやりがい・スキルを高める方法

1　スタッフ間のコミュニケーションのなかで考え方を共有する

　まず大事なことは、その宅老所が掲げる考え方・理念をスタッフ全員が共有することです。ただし、理念といっても抽象的なことではなく、その理念が具体的な行動レベルにまで反映していることが大切です。

　たとえば、目の前のお年寄りの行動をどう見たらよいのか、接し方はこれでよいのか、どうしたら幸せと感じてもらえるのかなど、常日頃からスタッフの間で話し合います。このような積み重ねによって、具体的な方法や、その背景にある考え方などをみんなで深めていくとよいでしょう。

2　風通しの良い雰囲気を維持する

　多くの宅老所は、少人数のスタッフで運営しているので、スタッフ間のチームワークが重要である、ということは前の章でも紹介しました。そのチームワークの基盤となるのが、スタッフ同士の良好な人間関係です。とはいえ、人間同士ですから、ときには対立したり悩んだりで、うまくいかないこともあると思います。少人数であるがゆえに、人間関係が煮詰まってしまうといったこともあるかもしれません。

　リーダーとしては、スタッフ間の良好な関係づくりを心がける必要があります。まずはスタッフ一人ひとりに声をかけ、今感じていることや考えていることを聞いてみることから始めてはどうでしょうか。スタッフの話を聞きながら、リーダーは、自分が考えるケアのあり方やめざす姿などについて、熱意をもって伝えるようにしてください。お互いに話したいことが話せる、という関係が築ければ、一人ひとりが安心して活動に取り組むことができるようになります。

3　新たなメンバーと共に、育ち合える組織をつくる

1）新しいスタッフを受け入れるときに留意すべきこと

　宅老所を将来的に続けていこうとする場合、新しいスタッフを迎えることを想定しておく必要があります。なぜなら、活動を続けるうちに新たな地域の方のニーズに直面し、新たなマンパワーが必要になることが往々にしてあるからです。また、今いるメンバーでこれから先ずっと活動ができるとも限りません。どこかの時点で、メンバーの拡充やバトンタッチが必要になってくるでしょう。

　新しいメンバーを受け入れることは、運営にとって大きな力となりますし、現メンバーへの良い刺激となります。ただし、新メンバーの加入と同時に昔からのベテランメンバーが抜けるということになると、人数以上の戦力ダウンとなり、運営に支障をきたす恐れもありますので、中長期的な視点をもって、活動に必要な人員を確保することを考える必要があります。

　新しいメンバーを受け入れるときに問題となるのは、現在のメンバーに、受け入れる力や育成力がどこまであるか、ということです。前にも述べたとおり、新たなメンバーには現場での研修が必要であり、その役割は現在のメンバーが負うことになります。過度な負担を強いることになってしまっては問題がありますので、無理のない範囲で受け入れるよう、リーダーは配慮する必要があります。

　また、新しいメンバーが加入したことにより、これまでの人間関係に変化が生じるケースもあります。リーダーは、新人を受け入れた後も、積極的にコミュニケーションをとって良好な人間関係の構築に努めるようにしましょう。

2）外部研修を効果的に活用しよう

　なお、介護事業をすすめている宅老所でのスタッフの育成にあたっては、外部の研修を活用するのも効果的な方法です。小さな事業所では、得てして小さくまとまってしまいがちですが、外からの刺激を得ることによって、自分たちの活動をまた違った視点から見ることができるようになります。

　各自治体（都道府県・政令指定都市）では、介護従事者などを対象とした実務者研修を行っています。その他、宅老所全国ネットや全国認知症グループホーム協会でも、各種の研修を行っています。都道府県連絡会でも実施しているかもしれませんので、活用してみてください。

2　事業の見直し

1　活動の振り返り

1）スタッフによる自己評価から始めよう

　実際に活動を始めると、毎日の活動に追われてしまい、なかなかこれまで行ってきた活動の状況について振り返る余裕がないかもしれません。しかし、活動をよりよいものにしていくためには、今直面する課題に対応するだけではなく、これから直面するであろう課題についても早めに認識し、手を打っていく必要があります。そのためには、定期的に活動の振り返りを行うことが大切です。

　まずは、メンバー自身による自己評価から始めてみましょう。メンバーが行うのは、自分たちの活動に対する評価です。接し方に問題はなかったかなどをスタッフ同士が相互に評価することは、メンバー間のコミュニケーション向上や育成にも役立ちます。リーダーとしては、経営面や運営体制に関する自己評価も欠かせません。評価にあたっての主な視点を次に挙げましたが、ほかにも多くの視点が考えられます。

【自己評価にあたっての主な視点】
●活動開始当初に作成した事業計画や収支計画と現状との比較　●メンバーの役割や活動の質の状況　●地域の人たちとの交流の状況　●地域への情報発信の状況　など

2）他者の目で評価してもらうことも必要

　一方で、外部から、他者の目で評価してもらうことも大切です。お年寄りや家族の方をはじめ、参加者や地域の方にアンケートをお願いして、現在のケアに満足しているかどうかを聞くようなやり方もあります。また、地域の人たちに評価をしてもらうというやり方もあるでしょう。

　介護保険のサービスでは、国が自己評価と第三者評価の実施を推進しています。認知症対応型共同生活介護（グループホーム）は、少人数で密室化しやすいという欠点があることから、いち早く外部評価の義務付けがなされました。また、小規模

多機能型居宅介護でも、外部評価が義務付けられています。サロン活動や自主事業であれば、必ずしも評価が義務付けられているわけではありませんが、小規模で密室化しやすいという点は共通点ともいえます。運営が軌道に乗ったら、評価作業に取り組むべきでしょう。

　なお、評価は結果を外部に示すことだけが目的ではありません。評価を実施することで、自分たちのやっていることを客観的、俯瞰的に見られるという利点もあります。評価を通して、新しい問題の発見や気づきがあり、それが次の発展につながっていきます。自分たちのケアの質の向上の一環として、自発的に評価を行うのが望ましい姿といえるでしょう。

2　事業計画の見直し

1）事業計画の見直しは定期的に

　活動を続けていくと、当初の計画を作成したときからだいぶ状況が変わってしまっている、ということが起きます。たとえば、「通い」のみ行っていた宅老所が、緊急的なニーズによって「泊まり」も行うようになって、多機能化した場合などです。活動の規模を拡大して、拠点を増やした場合なども当てはまります。これらは、内部環境の変化の例です。

　一方、外部環境が変化する場合もあります。たとえば、自治体から補助金を受けていた活動が、補助金の廃止により受けられなくなってしまったとか、地域の状況が変化してニーズが変わってしまった、というようなケースです。いずれにしても、さまざまな環境の変化にともなって、事業計画・収支計画を定期的に見直す必要があります。

2）運営課題に応じた見直しを行おう

　見直しには、いろいろなパターンが考えられます。

　参加者負担のみで活動をしていて、収支状況が悪く、このままでは活動の存続が危ぶまれるという場合もあり得ます。そのときには、収支改善のための方策を検討しなければなりません。具体的には、利用料の再設定、その他の収入源の検討、または運営コストの削減などが考えられるでしょう。

　また、介護事業を行っている場合に、お年寄りやその家族からケアに対する不満の声が出ているようであれば、ケアの質を見直し、向上させるための方策を検討す

る必要があります。具体的な方策としては、スタッフの増員であったり、スタッフの研修の強化であったりするかもしれません。あるいは、施設の改修が必要ということになるかもしれません。このように状況に応じて対応を検討し、検討した内容を精査しながら事業計画・収支計画に盛り込んでいくことが大切です。

　経営が順調で特に問題がないという場合であっても、今後も順調なまま運営を継続していけるかどうかは、十分に検証する必要があります。また、新たなニーズを捉え、それに応える方法を検討することも考えられます。

3）自己評価をぜひ生かそう

　事業計画の見直しにあたって提案したいのは、これまで行った活動の振り返り・自己評価の成果を反映させる仕組みをつくることです。

　メンバーの自己評価の結果を集約し、評価の低かった項目について、なぜ低かったのかを突き詰めていくと、課題が見えてくる場合もあります。また、個々のメンバーが自分の振り返りを通して、全体の課題に気づく場合もあるでしょう。そうした気づきを事業計画に反映させることで、事業計画の中身がより実態に即したものになります。個々のメンバーにとっても、自分が運営に関わっているという実感をもつことができるのではないでしょうか。

3　他団体や自治体との連携

1　他団体との連携

1）大きな方向性やお互いの特徴を共有する

　活動を実施していると、やはり気になるのが他の活動団体の状況です。もし同じ地域内に別の活動団体があるのであれば、お互いに協力し合う関係を築くとよいでしょう。お互いの信頼関係が築ければ、今後の活動にとっての大きな味方になります。事業運営の面でうまく連携することができれば、個々に抱えていた課題が解決する可能性もあります。

　連携するためには、お互いの活動がめざす大きな方向性について共有しておく必要があります。市町村ごとに設置される協議体に積極的に参画したり、事業計画書などを活用して説明するなど、それぞれの活動を共有して理解し合うことが、連携のための第一歩となるでしょう。

2）連絡会組織の強みを活用しよう

　現在、14の都道府県で、都道府県レベルの宅老所の連絡会組織ができています。こうした連絡会の良いところは、一つの小さな宅老所ではできないことが、大勢集まることによって可能となることです。

　たとえば、研修会や情報交換、自治体との話し合い・交渉ごとなどには、連絡会組織が大いに力を発揮します。歴史の長いところでは、会員同士がお互いの宅老所の特徴をよく知っていて、「このお年寄りには、ここがいちばん適している」とお年寄りを紹介し合っているところもあります。ですから、連絡会組織のある地域では、これを大いに活用するとよいでしょう。連絡会がまだできていない都道府県であっても、まずは身近な地域レベルでの連携・協力をすすめていくことによって、同じような効果が得られるようになるのではないでしょうか。

3）医療機関など関係機関との連携を強化しよう

　また、宅老所同士だけでなく、他の関係機関との連携が必要になる場面もあります。特に、介護事業を行っている場合、医療機関との関係づくりは、お年寄りの生命に関わる問題であり重要です。お年寄りの「最期まで住み慣れた地域で過ごしたい、できればここで死にたい」という思いをかなえるためには、医師の理解が不可欠になります。日頃から在宅介護に理解のある医療機関を探し、協力関係を積み上げていくことが大切です。多くの宅老所は、この医療機関との関係構築に苦心しているようですが、なかには、何かあったときに電話で相談に乗ってくれたり、緊急時には24時間駆けつけてもらえるよう医師と協力関係を築いている宅老所もあります。こうした医師との連携にあたっては、福祉や介護に通じた看護師がつなぎ役として大きな役割を果たすこともあり、そのような人材の確保、あるいは人材の育成も重要です。

　また、大規模な介護老人保健施設や特別養護老人ホームでも、宅老所のケアの影響を受け、施設を小さな単位に分けてケアを行う「ユニットケア」がすでに取り入れられています。また、施設の入居者が地域の民家に出かけて日中を過ごす「逆デイサービス」という取り組みも行われています。宅老所と施設とが、互いに切磋琢磨しながら協力し合う関係が築ければ、地域全体のケアの向上にもつながっていきます。

2　自治体の理解の促進

自治体に追い風を生み出してもらう

　地域サロンなど宅老所活動の立ち上げや運営について、自治体に相談しながらすすめるとよいでしょう。活動にあたってのアドバイスや他団体の紹介、資金的な支援施策を得られるかもしれません。

　介護事業を実施する場合には、市町村の役所や都道府県の高齢者福祉担当課に相談したり、情報を集めるために訪れたりするところからお付き合いが始まります。各自治体の宅老所に対する施策には、ある程度温度差があると考えたほうがよいでしょう。積極的に推進しようとしている自治体もあれば、逆に規制を強めようとしている自治体もあります。新しいこと、実績のないことには慎重である自治体もあると考えておくべきでしょう。自治体と良い関係をつくるためには、まず現場の実態を知ってもらうことが大切です。市町村や都道府県の担当課に相談に行くことは、宅老所を理解してもらい、信頼関係をつくるための第一歩になります。事業計画や活動状況などの情報を積極的に示し、理解を深めてもらうことが肝心です。

　自治体の担当者も、地域活動の生の情報を得たいと考えています。積極的に相談や情報提供をして、お互いの信頼関係を築いていきましょう。

4　本人やその家族との信頼関係の構築

1　本人（お年寄り等）との信頼関係の構築

1）お互いを尊重し合う

　信頼関係を構築するための基本は、まずお互いを尊重し合うことです。一人ひとりの生活や思いを尊重するということは、宅老所がこれまで取り組んできたケアの理念そのものです。

　本人（お年寄りや障がい者など）からの信頼を得るためには、「ここに来てよかった」、「また来たい」と思ってもらえることが大切です。そのためには、一人ひとりに寄り添い、個々に抱える悩みに向き合いながら、ニーズを少しでもかなえられるように努力するしかありません。

2）認知症を理解し、適切な対応スキルを身につける

　宅老所に来られるお年寄りには、認知症を抱えている人が多くいます。認知症の方との関わりは、コミュニケーションの面などでさまざまな困難がつきまといます。宅老所のスタッフは、認知症の症状を理解し、適切な対応スキルを身につけておく必要があります。

　ただし、認知症という症状に意識が行き過ぎるあまり、その人全体を見ることを忘れてしまうことがあるので、注意が必要です。症状にとらわれすぎると、その人を否定してしまうことにもなりかねません。

　認知症を「老いの自然な姿」としてポジティブに捉える考え方もあります。実際、多くの宅老所のスタッフは、「自分が年を取るならこういうふうにぼけてみたい」という共感すらもって、認知症のお年寄りと接しています。宅老所がめざすのは、人生の最期をその人らしく生きてもらうため、一人ひとりの認知症の人の心の風景に深く関わり、温かく見守ることなのです。ぜひ、そんな共感をもって接してみてください。

3）信頼関係を深めるためのコツ

　前述したとおり、信頼関係を築くための基本は、「本人を尊重し、しっかりと向き合い、寄り添う」ことです。そこから、気持ちやニーズをくみ取ることができるようになります。

　ただし、スタッフが本人の気持ちをくみ取っただけでは、宅老所と本人との信頼関係を築くのに十分ではありません。宅老所として信頼関係を深めるためのコツを紹介します。

　一つは、個々のスタッフが把握した一人ひとりの気持ちやニーズを、スタッフ全員で共有することです。スタッフが１対１で問題を抱えてしまうと、トラブルのもとにもなりますし、スタッフによって対応が違うということも、不信感を抱かせる可能性があります。スタッフみんなが理解してくれている、と実感できることが、信頼感を生むのです。

　もう一つは、本人だけでなく、家族や関係者と信頼関係を築くことです。ある宅老所では、家族との交換ノートを使って、家族と常にお年寄りに関する情報の共有を行っています。そうすることによって、宅老所と家族との間に信頼関係が生まれ、それはお年寄りにも必ず波及し、お年寄りが安心して宅老所で過ごせるようになるのです。

2　危機管理

1）誰にでも起こりうるリスクを共有する

　介護の現場において、考えられるリスクとはどんなものがあるでしょうか。お年寄りの急病、宅老所内での事故（転倒やけが）、外での事故などがまず思いつくところです。

　事故は起こらないに越したことはありません。しかし、事故の予防に意識を集中し過ぎるあまり、介護が管理的になってしまうのも問題です。宅老所が「普通の生活」をめざす以上、事故が起こるという事態はある程度避けられないといえるでしょう。そこで、いわゆる危機管理＝リスクマネジメントが必要になります。

　「万が一」を想定し、対策を考えておくことが大切です。転倒やけが、誤嚥や意識の低下など、緊急時の対応マニュアルをつくり、スタッフへの周知を図ります。また、こうした事故に対応するため、保険に加入しておくといいでしょう。（保険の詳細については、次節で説明します。）

　お年寄りの生命に関わる緊急事態には、医療機関との連携が不可欠です。すべての医療機関が高齢者ケアに理解があるわけではないので、日頃から理解ある医師を探し、協力関係をつくり上げておくことがリスクマネジメントになります。

　また、地域サロン活動においても、同様の事故や緊急的な対応が必要になることがあるかもしれません。事前に、いざというときの対応方法を検討し、みんなで共有しておきましょう。

2）お年寄りの気持ちを大切にしよう

　事故の事後処理において大切なのは、宅老所を守ろうとするあまり、お年寄りの気持ちをないがしろにしてはいけないということです。医療事故などのケースでもいわれることですが、事故を起こした側と受けた側のコミュニケーション不足が、決定的な対立を引き起こしてしまう場合があります。

　被害を受けた側は、みな「起こした事故について謝ってほしい」「事実を隠さずに正確に知らせてほしい」「原因を究明し、二度と同じことを繰り返さない努力をしてほしい」と願います。それらの気持ちが満たされないと、やむなく裁判に訴えるケースが出てきます。そのような事態にならないためにも、誠意をもってお年寄りの気持ちに寄り添い、向き合うことが必要です。

　ある宅老所では、デイサービスの時間中にお年寄りが食べ物をのどに詰まらせてしまう事故が起きました。気づいたスタッフが人工呼吸などを施しましたが、呼吸が戻らないまま救急車で運ばれ、翌日息を引き取ったそうです。亡くなったお年寄りの家族は、宅老所を責めることなく、今までのケアに対する感謝を示してくれました。

　しかし、宅老所側は、事業所としての責任をきちんと取りたいと考えました。宅老所としての過失があったと判断し、自ら過失を認めて謝罪をしました。そして、施設賠償責任保険の適用を受けて家族に賠償金を渡したそうです。事故が起きてしまったときは、まずお年寄りの思いを大切に、誠心誠意の気持ちで対応し、その後の宅老所の運営をより良いものにするための糧とする、という姿勢が大切です。

3　保険への加入

1）必ず保険に加入しよう

　想定されるさまざまな事故が発生した場合への備えは、まずはどのような事故・

トラブルが起きそうかを考えるとともに、団体として保険に加入しておくことや、地域サロン活動についてもボランティアに保険への加入を推奨することが、非常に有効です。毎月の保険料の負担はかかりますが、安心して活動できるよう、万が一の備えとして必ず加入するようにしましょう。

2) 保険の種類

　保険には、大きく分けて、傷害保険と賠償責任保険があります。ボランティアないしスタッフ自身のけが（場合によっては死亡）については、傷害保険が対応します。参加者やお年寄りなどにけがをさせ（場合によっては死亡させ）、そのことについて責任がある場合には、賠償責任保険が対応します。

　ボランティアの保険については、事業の実施主体に責任が問われるような事業の場合、別途団体として賠償責任保険に入ることが必要です。本人の責任によるけがの場合は、賠償責任保険では対応できませんが、ふれあい・いきいきサロン、会食会、スポーツ大会等人が集まる場合には「行事保険」という形で、参加者全体のけがの保障をカバーすることができます。

　なお、自動車については、いわゆる車両事故のときに被害者や遺族に対して最低限の賠償金を確保するための強制保険（自賠責保険）への加入はもちろんですが、強制保険の上乗せ補償である任意の保険に加入して事故に備えることが必要です。自動車による活動をされる場合は「送迎サービス補償」制度に加入するなどして、事故の補償をカバーすることでより安心して活動に従事することができます。

3) こんな保険があります

　全国社会福祉協議会（以下、全社協）やいくつかの都道府県・指定都市社会福祉協議会では、社協のネットワークを利用して、ボランティアおよび福祉関係の事業に関わる保険を提供しています（図表 11）。

　社協のネットワークに入っている団体・個人（社協の構成員・会員、ボランティア・市民活動センター等に登録されている団体・個人等）が加入対象です。加入受付や事故のときの証明ができるように、社協が知っている団体・個人であることが必要となります。お近くの市区町村社協または都道府県・指定都市社協にご相談ください。

図表 11 ● 全社協が提供している「ふくしの保険制度」とサービスとの対応関係図

サービス		全社協保険制度	活動者のけが	お年寄りのけが（賠償責任無）	賠償責任	保険料根拠
住民参加型（助け合い有償）		福祉サービス総合補償	○	△（対人見舞）		活動従事者数
サロン活動（主体が社協）		ふれあいサロン・社協行事傷害補償	○	○	別途社協の保険への加入が必要	参加予定者数
サロン活動（主体が社協以外）		ボランティア行事用保険	○	○	○	参加予定者数
移動サービス		送迎サービス補償（お年寄り特定方式）	―	○	―	お年寄り特定
		送迎サービス補償（自動車特定方式）	○	○	―	自動車特定
宅老所（通い、泊まり、居住、手伝いなど）		福祉サービス総合補償	○	△（対人見舞）	○	活動従事者数
食事サービス		福祉サービス総合補償	○	△（対人見舞）	○	活動従事者数
生活支援サービス	無償で活動するボランティアについて	ボランティア活動保険	○	―	○	ボランティア1名につき
	ボランティア行事・イベント開催	ボランティア行事用保険				参加予定者数

※ボランティア行事用保険では対象となる行事・ならない行事があるので、確認が必要。

4　家族との関わり方

1）家族の話をよく聞き、積極的にコミュニケーションをとろう

　介護事業などで最初の利用が始まるとき、利用される本人と同時に家族とも出会うことになります。そこで、これまでの経緯や、家族からの要望などを聞きます。これが、家族との関係づくりの第一歩となります。

　家族の側は、初対面ということで硬くなるでしょうし、この宅老所はどんなサー

ビスを提供するのだろうか、お年寄りは果たしてなじむだろうかという不安もあります。それまで施設でうまくいかなかったという経験をもつ人も少なくありません。最初の面接は、できるだけ丁寧に話を聞く必要があります。利用が始まったら、送迎のときや利用料金の支払いなどの機会を捉えたり、連絡ノートなどを通じて、家族に本人の様子をいきいきと伝えるようにしましょう。お年寄りの思いがけない行動の変化やエピソードを語り、家族と喜び合うのは、この仕事ならではの醍醐味でしょう。

2) 家族の介護観を理解しつつ、宅老所の考え方を伝えよう

宅老所にとって、本人よりも家族との関係づくりのほうが難しい場合も多くあります。本人との関わりが深くなるにつれて、家族と本人のそれまでの関係や、家族の考え方などがよりはっきりと見えてくるからです。

宅老所のスタッフの思いや喜びが家族に届かない場合もあります。宅老所に預けられればそれでいい、と思っている家族もいるからです。逆に、老親をとても大事にし、介護にこだわりをもち、宅老所に大きな期待をしている人の場合も、双方の介護観がすれ違い、うまくいかないということが起こります。

たとえば、少しでも残存能力を引き出すために、もっとリハビリ的な活動をしてほしいと願う家族の場合、宅老所が本人の過ごしたいようにゆったりと過ごさせていると、「宅老所では何もしてくれない」と不満をもつようになります。

宅老所としては、まずは家族の考え方をよく聞き、理解することが必要です。そのうえで、家族の介護観を尊重しながらも、宅老所が考えるケアのやり方について、きちんと説明して理解を求めなければならない場面が出てきます。大切なのは、お互いが言いたいことをきちんと言い合い、双方の介護観を折り合わせる努力をすることです。

3) 家族との二人三脚の関係をめざそう

介護の必要なお年寄りを抱える家族の苦労は、とても大きいものがあります。経済的な負担もさることながら、お年寄りから目が離せないという心理的な負担が常につきまといます。宅老所に預けている時間は、家族にとってもほっと一息つける大切な時間なのです。

そんな家族の苦労や悩みを言い合えるような場があると、家族にとって、また貴重な時間がもてるのではないでしょうか。宅老所のなかで家族会をつくっている所

はそれほど多くありませんが、もしリーダーシップをとってもらえそうな方がいれば、定期的な交流の場を設けるとよいでしょう。家族同士の悩みや経験の交流をしたり、宅老所のスタッフも入って、お互いに言いたいことの言える風通しの良い関係を築くことができれば、大成功です。

　もう一歩すすめて、家族の会で宅老所の運営に参加してもらうというやり方もあります。家族と宅老所とで二人三脚の関係を築くことができれば、お年寄りにとっても何より心強いことになります。

5　個人情報の保護

1）お年寄り・ボランティアの個人情報を守ろう

　普段の活動を通して、お年寄りや障がい者などの本人、その家族や関係者、ボランティアなど、個人情報にあたる情報を数多くもつことになります。代表的なものを挙げれば、氏名、住所・電話番号などの連絡先、健康状態、家族の状況などです。これらは、活動をするうえでどうしても知ってしまうことや、活用することでより良いサービスを提供するために必要なものですので、情報を取得すること自体は何ら問題ありません。また、個人情報保護法は、団体のもつ個人情報が5,000人以下の場合には適用されません※。従って、多くの団体はこれに該当すると思われるので、法律上の責任は問われません。

　しかし、そういった情報が、お年寄り・ボランティアの意図しないところで利用されてしまうようであれば、団体への信頼がなくなり、安心してサービスを利用したり活動に参加したりすることができなくなるでしょう。つまり、重要なのは個人情報をどう管理するかです。従って、次のような点は、お年寄りやその家族から信頼を得るうえで、守ったほうがよいでしょう。

　たとえば、住所や電話番号を収集するときは、情報の利用目的を知らせること、名簿や個人情報が記載された記録などの書類は必ず鍵のかかる戸棚などに保管し、団体の内部でも必要のない限り開かないようにすることがあるでしょう。法律上も、同一組織内では、誰でも見ることはかまわないことになっていますが、それぞれの書類を見ることができる人は限定しておいたほうがよいと思われます。また、

※　ただし、平成27（2015）年9月に改正個人情報保護法が成立・公布され公布後2年以内にこの適用除外規定がなくなり、1件でも個人情報を保有する全ての団体が「個人情報取扱事業者」となります。

古い名簿がいつまでも残ってしまわないように、一定期間が過ぎたら破棄するなどのルールをつくることが必要です。

　また、ボランティアが活動のなかで知り得た個人情報は、ケース検討などの場合を除き、たとえボランティアの家族であっても話さないといったように、ボランティアに対して個人情報を取り扱うルールを決めて伝え、注意を促さなければなりません。また、たとえば研修会などのように対外的な発表などでは、匿名にすることや、状況等を書き換えることにより、誰の事例かが特定できないようにすることが必要です。その際、本人の許可を得て出すという方法も考えられます。法律上、求められている「個人情報保護に関する方針」（プライバシーポリシー）を掲示するというのも、団体の活動に信頼を得るうえでは、必要かもしれません。

2）開示請求に対応しよう

　ケア記録などの個人情報は、本人から開示を求められる可能性があります。いつでも開示できるよう、普段から本人に開示してもよいように注意して記入するようにしましょう。なお、開示にあたっては必ず本人確認や、本人でない場合は法的な代理権があるかどうかの確認を行い、第三者に情報が漏えいしないよう、十分注意をしなければなりません。

3）情報を伝えることも重要

　ただし、個人情報保護のルールを守ろうとするばかりに、必要な情報を連絡できないというのでは、本末転倒です。生命、身体等に関わる緊急時には、本人の同意を得なくても、必要なところに個人情報を伝達することは可能です。しかし、そのような場合だけでなく、たとえば、お年寄りが風邪をひいて寝込んでいる、というような情報は、どのように扱えばいいでしょうか。団体のメンバーに伝えることは重要だし、問題もありません。近所の友人、民生委員、保健師に伝えるというのはどうでしょうか。お年寄りがよく知っている人であれば、かまわないと思いますが、念のため「○○さんと○○さんに言っておくね」と伝えておいたほうがいいでしょう。「自分のことが知らないうちにあちこちに伝わっている」という印象をもつことは決して愉快なことではないからです。

V

支援者に期待されること

1　支援者の基本的な考え方

1　活動を広げるための基本的な考え方

　宅老所は、「自分らしく」、「その人らしく」を念頭におき、地域で暮らすことを支えたいと活動を行ってきました。

　これまでの活動から、さまざまな取り組みや制度が生まれました。しかし、制度ができたことでこれまであった地域でのつながりや助け合いが希薄になってしまったように思います。介護保険制度改正による新しい総合事業が一つの起点になって、もう一度地域のつながりを取り戻し、お互いさまの助け合い活動が広がることを期待します。

　そのために、「宅老所」だからできることを支援者の立場からお伝えしたいと思います。支援者とは、すでに宅老所を運営しているところをはじめ、行政、社協、地域包括支援センター、社会福祉法人、NPO、民間企業、地域で活動している住民主体の生活支援サービスの提供団体、町内会・自治会、民生委員・児童委員協議会等の関係者です。

　この章では、これから宅老所を立ち上げようとする人に支援者がアドバイスする場面を想定しています。

　まず、立ち上げようとする人に初めて接するときに、まず確認しておきたいのは、活動を始めようと思った動機・きっかけです。これは、人によってさまざまであると思います。

　支援者の方は、まず、立ち上げようとする人の活動に対する思いをじっくりと聞き、理解するように心がけてください。注意したいのは、支援者が先回りして、「宅老所とはこうあるべき」という理念だけを押し付けてしまうことです。しかし、相談者が考えている活動内容と違う場合があるかもしれません。もちろん、宅老所はこれまで、お年寄り一人ひとりのニーズに基づき、自由な発想をもってさまざまな取り組みを行ってきた経緯があります。このような理念を理解していただくことはとても大切なことですが、まずは相談者が考えている内容を十分に聞き、共感して

いただき、そのうえで修正が必要な場合には、宅老所の考えを伝えていただきたいと思います。

　また、先入観にとらわれずにお話を聞いてみると、宅老所の取り組みに関する新たな発見があるかもしれません。

2　運営面での適切なアドバイスを心がけよう

　活動を立ち上げようとする人は、解決したい課題や状況に対する思いを強くもっている反面、運営面に不安を抱いている場合が多いようです。支援者としては、事業計画・収支計画の内容について、運営面から見て適切かつ持続可能なものとなっているかどうかの視点をもって、助言を行う必要があります。

【事業計画・収支計画のチェックポイント】
◆事業方針・ケアの理念などと、実際の事業計画・収支計画の内容とスケジュールが合致しているか
◆活動の継続性はどうか
◆類似の活動などとの連携はできないか

3　宅老所が培ってきた理念を語ろう

　また、支援者のなかには、宅老所の先輩である方もいらっしゃると思います。ぜひ、ご自分のこれまでの豊富な経験や、宅老所が培ってきた理念や取り組みについて伝え、立ち上げようとする人の宅老所のケアに対する考え方がより深まるようなアドバイスを心がけてください。

　介護保険制度が導入されて以降、事業として宅老所を捉えるようなケースも出てきています。宅老所の理念・取り組みをしっかりと伝えていくことは、地域全体のレベルを底上げするためにも重要であると考えられます。

宅老所の実践から思うこと（筆者）

◆宅老所が大切にしていること

　①心身のケアと維持は、本人のできにくくなったことを支援すること。

　②暮らしの関係づくりは、本人にとって必要なことをコーディネートしていくこと。

　※この２つを、毎日の暮らしのなかで臨機応変に考えて対応している。

◆実践から感じる課題

　・小規模で多様な機能をもつがゆえに、マンパワーが不足がち。

　・多くの住民や団体、企業などと連携することが必要。

　・連携アプローチをしやすくするためのコーディネーターが必要。

◆生活支援サービスで大切だと思うこと

　・「仕組み」から「本人」を見るのでなく、多様な「本人」を中心に「仕組み」をコーディネートしていく視点が大切。

　・本人を中心に考え、中立的な立場で提案して、本人が選択できることが大切。

　・本人を支援される人とせずに、主体となってできることや役割を増やしていくことが大切。

　・地域の生活支援サービスの活動内容やネットワークの情報を、一般住民にもわかるように周知していくことが大切。

4　地域の資源の生かし方を伝える

　宅老所が地域との協力関係を築くことの大切さについては、これまでに述べてきたところです。とはいえ、立ち上げようとする人自身は、立ち上げ時にはさまざまな準備に追われ、地域のことまで考える余裕がないというのが実態ではないでしょうか。支援者は、地域との連携の重要性をあらためて認識してもらい、地域との協力関係を築くための手順についてアドバイスする必要があります。

　具体的な手順としては、事業内容について近隣住民や自治会、他活動団体や地域のキーパーソンなどに説明し、理解を得ることが基本になります。連絡会などの組織があれば、それを活用してもう少し広範な地域との関係を築くことも可能になります。今後、地域で過ごすお年寄りや障がい者が増えていくなかで、個々の活動や宅老所を孤立させず、地域の輪の中に組み込んでいくことが大切です。

2　期待される支援

1　相談対応体制をつくろう

　支援者としては、活動を立ち上げようとする人の思いにできる限り応えていきたいところです。それには、活動の参考になる事例や具体的なノウハウなどの情報をまとめ、随時提供できるような体制を整える必要があります。体制といってもそれほど大げさなものは必要ありませんが、最低限、次の2つの機能を有することが目安になると考えられます。

　一つは、相談窓口を明確にして、周知していることです。どこに相談すればいいのか、相談先の住所、電話番号、メールアドレスなどがわかっていれば、立ち上げようとする人にとっても安心です。

　もう一つは、相談窓口が必要な情報の所在を把握していることです。すべての情報を把握するのは困難かもしれませんが、情報を有する自治体やその他の関係機関を紹介することは必要な機能です。

　また、地域の宅老所を実際に運営する人の経験談などは、特に貴重な情報になります。支援者としては、地域のサロン活動や生活支援活動の状況、宅老所やその他の事業所の活動状況などの情報を集約しておくほか、詳しく適切な活動を紹介するなどの対応が考えられます。なお、特に場所探しに関しては、自治体が独自に仕組みをつくって支援している場合もあります。国や自治体などの支援施策については、常に情報を捕捉しておくとよいでしょう。

2　自治体や関係機関とのつなぎ役になる

　もう一つ、支援者に求められる大切な役割が、自治体や関係機関とのつなぎ役になるということです。

　それぞれの宅老所が抱える課題を集約すると、地域全体が抱える共通の課題が見えてくるかもしれません。たとえば、スタッフとなる担い手が地域全体で不足して

いるとか、道路がバリアフリー化されていないため高齢者が散歩するのに適さない、といったことです。こうした課題は、宅老所内部で抱えていても解決できないので、自治体の担当部局に対して、高齢者のケアに携わる立場からの提言として伝え、解決策などを協議していくことが考えられます。

　自治体の側でも、施策の企画・立案をするうえで、現場の生の情報は大変貴重なものです。協議を通じて、自治体とのパートナーシップを築くことができれば、自治体の宅老所に対する理解が深まり、自治体側から必要な支援策が打ち出されることにつながる可能性もあります。

　自治体以外にも、他活動団体等との協力関係を築くにあたって支援者がつなぎ役となることが有効です。支援者が、関係機関と個々の宅老所の関係を取りもつことができれば、地域全体のケアの質の向上につながるのではないでしょうか。

資 料 編

サービスの立ち上げ・継続に関する Q ＆ A

地域に開かれた拠点づくり

Q1　高齢者だけではなく、地域に住む障がい者や子どもの居場所となるような支援をしたいと考えています。年齢や障がいを問わずに受け入れるにはどうしたらよいのでしょうか。

A1　近年、高齢者だけではなく多世代の居場所づくりをすすめる宅老所が増えています。26 頁で紹介した富山県の「このゆびとーまれ」では子どもから高齢者、障がい児・者を受け入れています。当初は利用料だけで運営していましたが、現在は介護保険制度や自治体の補助制度などを活用して、お年寄りの自己負担額の軽減と経営の安定に努めています。

　まずは、地域にそのようなニーズがあるかどうか（具体的なお年寄りを思い浮かべられるかどうか）を検討し、実際の開設にあたっては、近くに同じような取り組みを行っている宅老所がないかを調べて、相談してみるとよいでしょう。自治体にも早めに相談することをお勧めします。

Q2　宅老所の情報が十分に開示されていないため、市民のみならず事業者同士でも情報が不足しています。もっと地域住民に情報を発信できるような開示が必要なのではないでしょうか。

A2　事業者同士が情報を開示し合う必要があります。宅老所においては、すでに設立されている都道府県の連絡会がありますので、そこを中心として情報を共有する仕組みをつくることが求められます。多くの連絡会では、会員名簿を兼ねた事業所リストを作成し配布しているほか、定例会などで積極的に情報交換をする場を設けています。宅老所全国ネットでも、情報提供の一環として、ホームページ上で事業所のデータを公開しています。

仲間集め

Q3　ボランティアの協力を得ようと思っています。この場合、ボランティアの交通費や食費はどうしたらよいのでしょうか。

A3　宅老所において、地域から多くのボランティアを積極的に受け入れることは非常に意義のあることです。ボランティアの実費弁償と呼ばれる交通費や食費についての決まりごとは特にありません。ボランティアとよく話し合って、実費弁償の範囲について交通費だけを支給するのか、食費はボランティア側の負担とするかなどのルールを決めてください。相互で納得できるルールづくりを心がけてください。

ボランティア／スタッフのマネジメント

Q4　同じ志をもつ人に運営をバトンタッチしていきたいと考えています。後継者の育成はどうすればよいでしょうか。

A4　宅老所の約１割が「スタッフがなかなか育たない」「いいスタッフが集まらない」ことで悩んでいます。法人格の有無や介護保険事業者の有無にかかわらず、サービスを提供する事業所として社会的に責任ある運営が求められます。早くからスタッフの雇用や育成に力を入れ、後継者の育成に努めることは重要です。スタッフの募集範囲を広げたり、ボランティアや実習生などを積極的に受け入れてスタッフへと育てる努力も必要でしょう。また、仕事の場面においても、日頃からスタッフ間で積極的に話し合いの場をもち、繰り返し討議してお互いのケアへの考え方を深めていく場づくりが必要でしょう。

Q5　お年寄りの暮らしをどう支援するかなど、学習会を定期的に開催して、宅老所のメンバーの資質向上を図りたいと考えています。どのように取り組んだらよいでしょうか。

A5　学習会や研修のスタイルには、大きく分けて ① 内部で行う研修、② 外部の宅老所などに派遣したり、外部の研修会に参加する、③ 宅老所の連絡会で研修会を行う、といった方法があります。宅老所は小さな組織であり、また、認知症高齢者の

ケアに対する考え方も議論の途上にあるだけに、どこでも大変苦労している課題です。研修の最も大きな目的は、お年寄りのケアについて共通認識をもてるようにすることでしょう。目の前のお年寄りのさまざまな行動や様子をどうみたらよいか。それはケアをする一人ひとりの感性、人生経験、生き方、人生観にも関わる問題であり、大変難しい課題です。従って、抽象的な議論をするよりも、常に目の前のお年寄りにとって、どうしたらより良い生活になるのか、どうしたら幸せなのかという具体的なケース検討に立ち返ることが重要です。他の宅老所等での研修を行うには、受け入れる側も大変です。研修に送り出す側は、その人にどんな問題点があり、研修を通じて何を獲得したいのかを、受け入れ側によく伝える必要があります。送り出される人は、宅老所はお年寄りの生活の場であり、お年寄りにとって自分は初対面であることをよく認識して研修に臨むことが大切です。地域で協力して開く場合は、内容や講師などについて、宅老所全国ネットや都道府県連絡会などに相談するとよいでしょう。

Q6　家庭的という概念は理解していても、実行する場合に身体介護を中心とする業務的ケアをしてしまうことが多くあり、お年寄りが安心して暮らす「家」というスタイルには遠いのが現状です。家庭的なケアを行うにはどのような工夫が必要でしょうか。

A6　スタッフ全員が小規模ケアのあり方を知り、良さを実感することが必要です。自分たちがめざす小規模ケアを実践している所を視察したり、研修に行くことで、小規模ケアを実感する仕組みをつくってください。日常の仕事のなかでも、介護責任者がスタッフの対応について目を配り、そのときその場でスタッフにアドバイスをしたり、スタッフ全員で共有すべきことは会議で話題に出すなどして、実践を積み重ねていくことが重要です。そうすることで多くの場合、それまで「仕事が大変」、「つらい」と嘆いていたスタッフの気持ちが「楽しい」、「やりがいがある」と主体的な働きに変化していくことが、リーダーの声からわかっています。介護実務者研修や自治体・関係機関主催の研修会、宅老所の仲間等と主催する学習会への参加も効果があると考えられます。ぜひ積極的に参加してみてください。

医療機関との連携

Q7　緊急時、訪問診療医の確保が必要だと考えますが、現実にはなかなか難しいと思います。協力医療機関とのパイプをどうつくればよいでしょうか。

A7　どんなサービスを提供するにしても、緊急時だけではなく日常のなかで医療とのつながりは切り離せないものです。ある宅老所では、最初の頃は訪問診療医とのパイプがなかったため、緊急時は救急車を呼ぶしか方法がありませんでした。宅老所の代表は、できる限り多くの人に働きかけて在宅医療をしている医師の情報を収集し、やがて間に入ってくれる人がいて、医師を紹介されるに至りました。現在は月に2回の往診を受けており、相談や指示を受けたり、ときには緊急時の往診をしてもらいます。

　地域で最後まで暮らしたいというお年寄りの願いをかなえるためにも、医療との関係づくりは大切な問題です。地域の連絡会など、活用できる情報はすべて活用して、まずは協力してくれる医療機関を見つけることです。お年寄りにとってのかかりつけの医師がいれば、相談してみてもよいでしょう。そして、地道な関係づくりに努めることが大切です。

介護保険の指定事業者になるまでの流れ

Q8　今のところは小規模な活動ですが、将来、介護保険事業を行うかもしれません。その場合の条件について教えてください。

A8　介護保険の指定事業者になるためには、スタッフ、設備、運営などが厚生労働省令の基準（指定基準）を満たしていなければなりません。

　そのため、申請の時期に合わせて準備をしておく必要があります。申請の前にやっておくこととして、法人格の取得、職員や場所の確保などのほか、「運営規程の作成」が重要な作業になってきます。

　「運営規程」には、① 事業の目的、運営の方針　② 従業員の職種、員数、職務の内容　③ 営業日、営業時間　④ 利用定員　⑤ サービスの内容、利用料、その他の費用の額　⑥ 通常の事業の実施領域　⑦ サービス利用にあたっての留意事項　⑧ 緊急時等における対応方法　⑨ 非常災害対策　⑩ その他運営に関する重要事項を盛り込まなければなりません。

　指定の申請窓口は、都道府県の介護保険担当課で行われています。開設する前から足を運んで事前に相談しておき、随時アドバイスを受けるようにすると、手続きがスムーズにすすみます。

　提出する書類は、サービスの種類によって少しずつ異なります。都道府県が行う指定事業者の審査は、これらの提出された書類に基づいて、事業所ごと、サービスの種類ごとに行われます。指定は随時行われ、指定事業者名、所在地、サービスの種類等が公示されます。

　法人格のない団体には、指定事業者の要件を満たしていれば、介護保険の事業者として適用となる「基準該当サービス事業者」という仕組みがあります。基準該当の指定は市町村が独自の判断で行うもので、申請の窓口も各市町村の窓口となります。

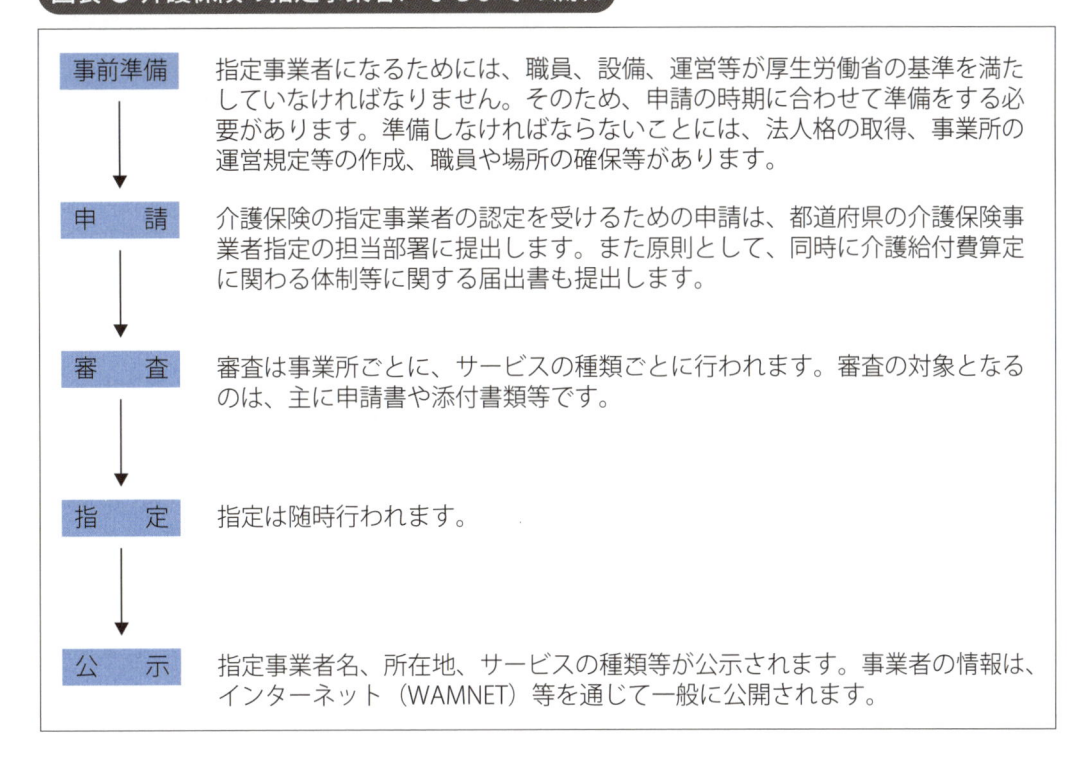

図表 ● 介護保険の指定事業者になるまでの流れ

事前準備	指定事業者になるためには、職員、設備、運営等が厚生労働省の基準を満たしていなければなりません。そのため、申請の時期に合わせて準備をする必要があります。準備しなければならないことには、法人格の取得、事業所の運営規定等の作成、職員や場所の確保等があります。
申　請	介護保険の指定事業者の認定を受けるための申請は、都道府県の介護保険事業者指定の担当部署に提出します。また原則として、同時に介護給付費算定に関わる体制等に関する届出書も提出します。
審　査	審査は事業所ごとに、サービスの種類ごとに行われます。審査の対象となるのは、主に申請書や添付書類等です。
指　定	指定は随時行われます。
公　示	指定事業者名、所在地、サービスの種類等が公示されます。事業者の情報は、インターネット（WAMNET）等を通じて一般に公開されます。

　以下の事業を新規に始める場合には、老人福祉法によって届け出が必要です。詳しくは、各都道府県・政令指定都市・中核市などの担当課（たとえば高齢者福祉課等）へ問い合わせてください。

> ・訪問介護　・通所介護　・短期入所生活介護　・認知症対応型共同生活介護　・小規模多機能型居宅介護

　また、申請に必要な添付書類や指定基準の詳細については、制度が変更されることもあるので、必ず自治体の担当課に問い合わせるようにしてください。

労働関係の法規・手続き

Q9　介護保険の指定事業者でなくても、人を雇用することでいろいろな労働関係の法律を守る必要があると思いますが、くわしく教えてください。

A9　人を雇用した場合、労働基準法、労働安全衛生法、最低賃金法、パート労働法、男女雇用機会均等法などいろいろな法律が関係してきます。

　ボランティアは雇用とはみなされませんが、有償である場合は、気持ちはボランティアであっても、被雇用者と同様の働き方をしていたり、上司の指揮命令により働いていると雇用とみなされます。

　職員を雇用した場合、① 労働時間、② 休日・休暇、③ 時間外労働・休日労働、④ 賃金、⑤ 社会保険等の労働条件を記載した「労働条件通知書」を、職員に提示する必要があります。アルバイト・パートも含め 10 人以上雇用している場合は、就業規則を労働基準監督署に届ける必要があります。10 人未満の場合でも、就業規則は労使関係の最も基本的な約束ごととして、作っておいたほうがよいでしょう。必ず盛り込まなければならない絶対的記載事項と、必要に応じて記載する相対的記載事項があります。

　以下の労働保険、社会保険関係のさまざまな手続きを含め、労働条件の整備については、社会保険労務士に代行してもらうこともできます。

1）労働保険

　労働保険は、業務中や通勤途上の事故に対する労災保険と、失業に対する保障である雇用保険を総称したものです。アルバイトやパートを含め職員を一人でも雇っていれば、法人格の有無にかかわらず、その事業者は必ず加入手続きをしなければなりません。労災保険は労働基準監督署に、雇用保険は公共職業安定所（ハローワーク）に所定の書類を提出する必要があります。

　なお、管理者は、労災保険も雇用保険も加入することができません。管理者向けには、別途、特別加入する道も開かれていますが、申請手続きが煩雑で、断念する団体も多いようです。

2）社会保険

　社会保険は、医療のための健康保険と、老齢および障がいなどのための厚生年金

保険があります。個人が加入する国民健康保険、国民年金との違いは、事業主も折半で負担するため、個人の払う保険料は割安になるということです。年金の場合、国民年金では、最低限の基礎年金しか保障されませんが、厚生年金保険に加入していれば、給料に応じて金額が上乗せされ、将来受け取る年金額も多くなります。

　社会保険では、法人事業所であればすべての事業所が強制加入です。任意団体の場合は、申請して適用事業所になることができます。加入のときには、社会保険事務所に必要な書類を提出します。パートタイマーも、雇用関係があれば被保険者になることができ、都道府県ごとに基準を定めています。

3）退職金、その他の福利厚生

　退職金は、スタッフ（従業員）に関しては、国の制度で「中小企業退職金共済」があります。事業主が独立行政法人 勤労者退職金共済機構と契約し、毎月、従業員（パートタイマーも可）1人あたり所定の掛け金を払うことで、退職時の退職金が支払われるものです。国から一定の助成があり、法人格を持っていない団体でも加入できます。管理者（事業主）の退職金については、「小規模企業共済」（独立行政法人 中小企業基盤整備機構）がありますが、NPO法人は適用外となっています。

　その他の福利厚生に関しては、社会福祉法人 福利厚生センター、もしくは中小企業勤労者共済会があります。福利厚生センターは、社会福祉施設の福利厚生のためにつくられた組織です。職員1人あたり掛け金年間1万円で、生活習慣病の予防検診への助成、結婚・出産のお祝い品、スポーツクラブ・旅行などの割引、各種保険、融資の加入等、さまざまなサービスが受けられます。

　中小企業勤労者共済会は中小企業の福利厚生を向上させるための組織で、人口10万人くらいの都市ごとにあります。会費やサービスの内容について、自分たちの地域の共済会と福利厚生センターを比較検討するとよいでしょう。

独立行政法人 勤労者退職金共済機構・中小企業退職金共済事業本部（略称：中退共）
独立行政法人 中小企業基盤整備機構
社会福祉法人 福利厚生センター
中小企業勤労者共済会

宅老所・グループホーム全国ネットワーク

http://www.takurosho.net/

●本部

〒981-0932　宮城県仙台市青葉区木町 16-30 シンエイ木町ビル 1 階

TEL 022-727-8731

●西日本

〒670-0971　兵庫県姫路市西延末 60-13

TEL 080-8521-7970

新地域支援構想会議 構成団体（50 音順）

公益財団法人　さわやか福祉財団
認定特定非営利活動法人　市民福祉団体全国協議会
住民参加型在宅福祉サービス団体全国連絡会
特定非営利活動法人　全国移動サービスネットワーク
社会福祉法人　全国社会福祉協議会
全国農業協同組合中央会
一般社団法人　全国老人給食協力会
公益財団法人　全国老人クラブ連合会
宅老所・グループホーム全国ネットワーク
特定非営利活動法人　地域ケア政策ネットワーク
一般財団法人　長寿社会開発センター
認定特定非営利活動法人　日本 NPO センター
日本生活協同組合連合会
一般社団法人　シルバーサービス振興会（オブザーバー）

シリーズ　住民主体の生活支援サービスマニュアル
第 7 巻
宅老所

宅老所・グループホーム全国ネットワーク　編

発　行　2016 年 6 月 9 日　初版 1 刷

定　価　本体 1,200 円（税別）

発行者　渋谷 篤男

発行所　社会福祉法人　全国社会福祉協議会
　　　　〒100-8980　東京都千代田区霞が関 3-3-2　新霞が関ビル
　　　　TEL　03-3581-9512　　FAX　03-3581-9513
　　　　振替　00130-5-38440

印刷所　三報社印刷株式会社

ISBN978-4-7935-1179-0　C2036　￥1200E　　　　　　　禁複製